失敗しない自分史づくり 98のコツ

はじめに

最近、日本に帰化した日本文学者ドナルド・キーンさん（九十歳）が『ドナルド・キーン自伝』を、二十歳のプロゴルファー石川遼さんが『石川遼自伝―僕の歩いてきた道』をそれぞれ出版しました。このように高齢の人から若い世代まで自伝を出版しています。高峰秀子をはじめ映画俳優の自伝もたくさん出版されています。このブームは有名人だけのものではありません。大きな書店の自費出版コーナーには無名の人たちの自分史が並びます。

歴史に名を残した世界の偉人の「伝記」、作家や著名人が書く「自伝」や「自叙伝」、事業家や学者の生涯を書いた「評伝」は昔から読まれてきましたが、「自分史」はちょっと違います。

名もない人、ごく普通の市民が自分の人生を振り返って書くのが自分史です。伝記、自伝、自叙伝、評伝が、出版社の企画で本が作られ書店で販売される「商業出版」であるのに対して、自分史の場合は、そのほとんどが「自費出版」であり、書いた人の身近な人に読まれるのが普通です。

自費出版は、一言でいえば、「自分の意思」と「自分のお金」で本を作ることですから、自分史作りとは、いわば「自己責任」で行われる執筆活動であり本作りです。したがって、自分の思うがまま、書きたいように、のびのびと書けばいいというところに自分史の特徴があるのです。もちろん、書いていいこと書いてはいけないことの区別はあります。自費出版とはいえ、第三者に読んでもらうからには、読みやすく、読み手に不快感を与えたり、誰かを傷つけたりすることがあってはなりません。

人生の節目のとき、あるいはある日思い立って、その人なりの自分史を書き、完成した自分史が、たとえ少数であれ、読み手に爽やかな感動を与え、伝えたいことがわかりやすく伝われば、苦労して書いた甲斐があるというものです。

本書は、これから自分史を書いてみたいと思う人のために「失敗しない自分史づくり」の〟コツ〟を提供するのが狙いです。〟コツ〟(骨)とは、ものごとをうまく進めていく上で外してはならない大事な急所のことです。

では、「失敗しない自分史」とはどんな自分史なのでしょうか。自分史は自己責任ですから、成功するも失敗するも書き手次第です。自分史は多くの場合、主人公が自分で原稿を書くことから始まりますが、書き上がった原稿が本になるまでには編集、制作、印刷、製本などさまざまなステップがあります。それらのステップには各種の専門会社と多くの専門職が関わります。

いわば、彼らは自分史づくりのパートナーたちです。そういう人たちの力を借りることでより素晴らしい自分史が作られていきます。

『失敗しない自分史づくり』では、より良い自分史を目指す方のために、自分史の書き方の基本事項、留意点などを九十八のポイントに絞って書いてあります。皆さんが「失敗しない自分史づくり」の九十八のコツを十分に理解した上で良いパートナー、すなわち経験豊富でセンスのいい専門職の的確なアドバイスやサポートを得ることは、自分史づくりを成功させるためには欠かせません。本書こそ、これから自分史を書きたい、自分史を本にしたいと考えている皆さんにとって、「ちょっと上の自分史」を書き上げるための強いパートナーとなることでしょう。

推薦のことば

一般社団法人　自分史活用推進協議会　事務局長　高橋　誠

誰しも自分の生きてきた証を残したいと思うものです。その証を残す手段の一つが自分史です。本書をお読みいただいているあなたも、自分の生きてきた軌跡を記録として残したくて、自分史に興味を持たれたのだろうと思います。ただ、自分史をつくるといっても、どうやってつくればいいか、どうやって文章をまとめればいいかよくわからないから、この本を手に取られたのではないでしょうか。そういうあなたには、まさにこの本がうってつけです。

この本では、自分史の健全な普及と発展を目指して活動している一般社団法人　自分史活用推進協議会のメンバーであり、これまで仕事として自分史の編集や出版、講座、セミナーなどに関わってきた三名が、自分史をつくるのに役立つヒントを、実例も交えながら具体的にわかりやすく解説しています。

『星の王子さま』に、「大切なものは、目に見えない」という名言が出てきます。自分がしてきた経験、記憶、思い出というのは、まさに目に見えない大切なものです。その大切なものを目に見える形にする作業が、自分史をつくるということです。自分史をつくるのは手間も時間もかかりますが、本書に載っているコツを参考にしてもらうことで、自分史づくりの過程を楽しみ、また、つくった後も読み手に楽しく読んでもらえる自分史ができることでしょう。

また、自分史をつくっていく過程で、自分の過去を振り返って見直すことで、より自分自身に対する理解が深まり、自信や自尊心が高まったり、自分の原点や強みが明確になったり、新たな夢や生きがいが見つかったりして、自分らしく生きるためのヒントが得られます。自分史を目に見える形にすることで、他の人に自分のことをよく知ってもらい、コミュニケーションが深まり、新たなつながりが生まれていくきっかけにもなります。そのような自分史をつくることの効用や活用法についても、この本で解説されています。

ぜひ、本書を手引きに、自分史づくりを楽しんでください。

もくじ

第5章　洗練する

第6章　出版業者と上手に付き合おう

付録1　自分史づくりの実践事例

付録2　自分史作成サービスの紹介

本書に記載の商品及び機能名称などは、それぞれ各社の商標又は登録商標として使用している場合があります。

第1章

かくも楽しい自分史づくり

自分史は心と身体を鍛える

自分史づくりをお手伝いするようになり、多くの自分史を書きたいという方々と接してきて、わかったことの一つに、自分史づくりを通して、どなたも元気になっていかれるということがあります。

例えば、「足腰が弱くなったのであまり出かけられない。手元の資料だけでまとめるつもりなんだ」とおっしゃっていた方が、次にお会いしたときは「知人の話を聞きに出かけてきた」と取材メモを見せてくださったことがあります。「孫たちに勧められて自分史をつくろうかと思うけど、さっぱり思い出せない。写真なら保管しているからアルバム風の自分史でいいよ」というご要望だったのが、「写真を眺めているうちに思い出しちゃってね」と原稿用紙の束を持ってこられたりと、依頼者の笑顔がますます輝いていきます。

なぜ自分史を書くことで心と身体の元気が得られるのでしょうか。それには「自分史は全身で書く」ことを知らなければなりません。

自分史とその周辺マップ

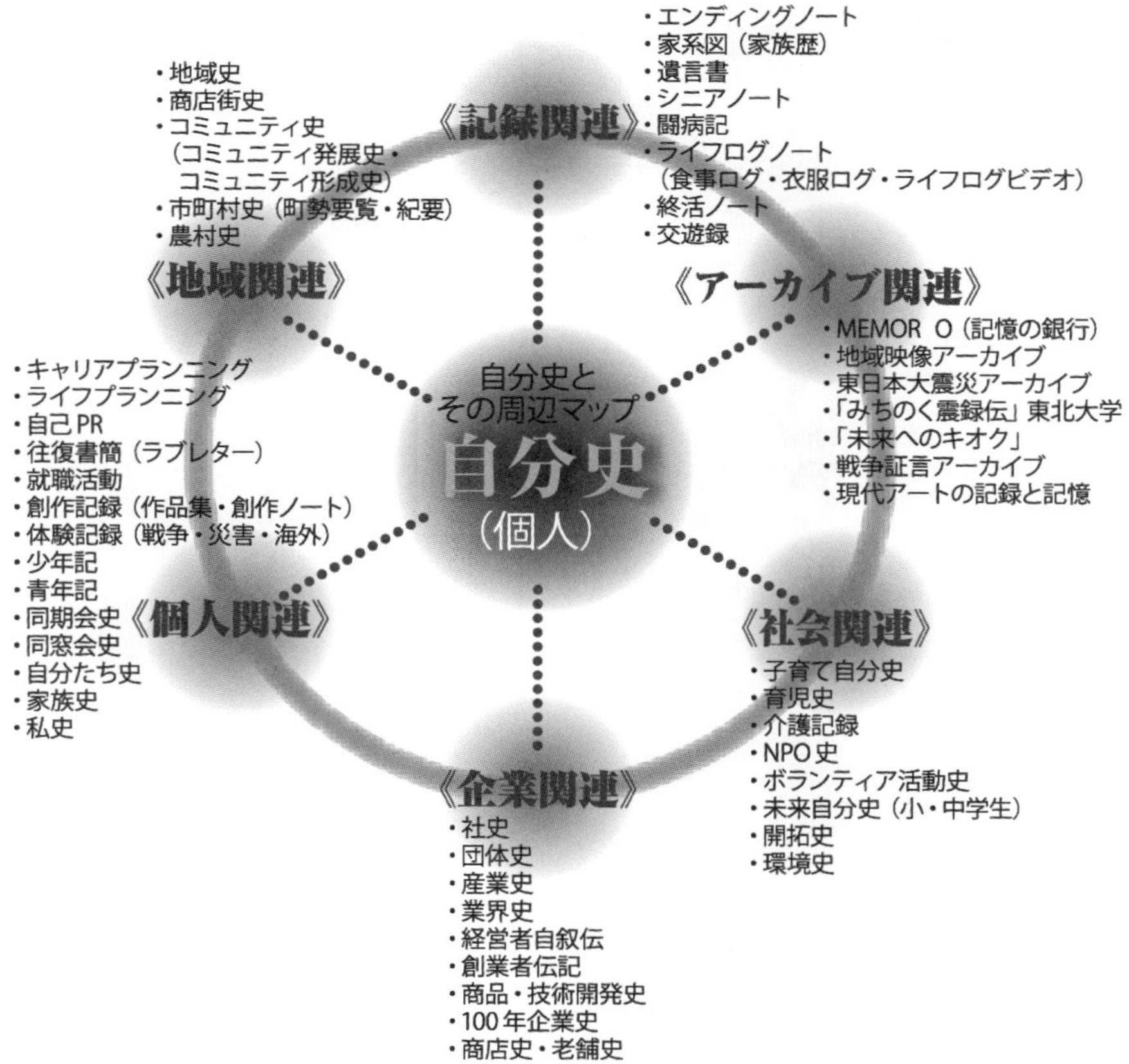

自分史は個人の記録ですが、同時に学んだ学校、働いた職場、住んでいる地域社会など、社会とのかかわりで広がっていきます。

全身で書く自分史

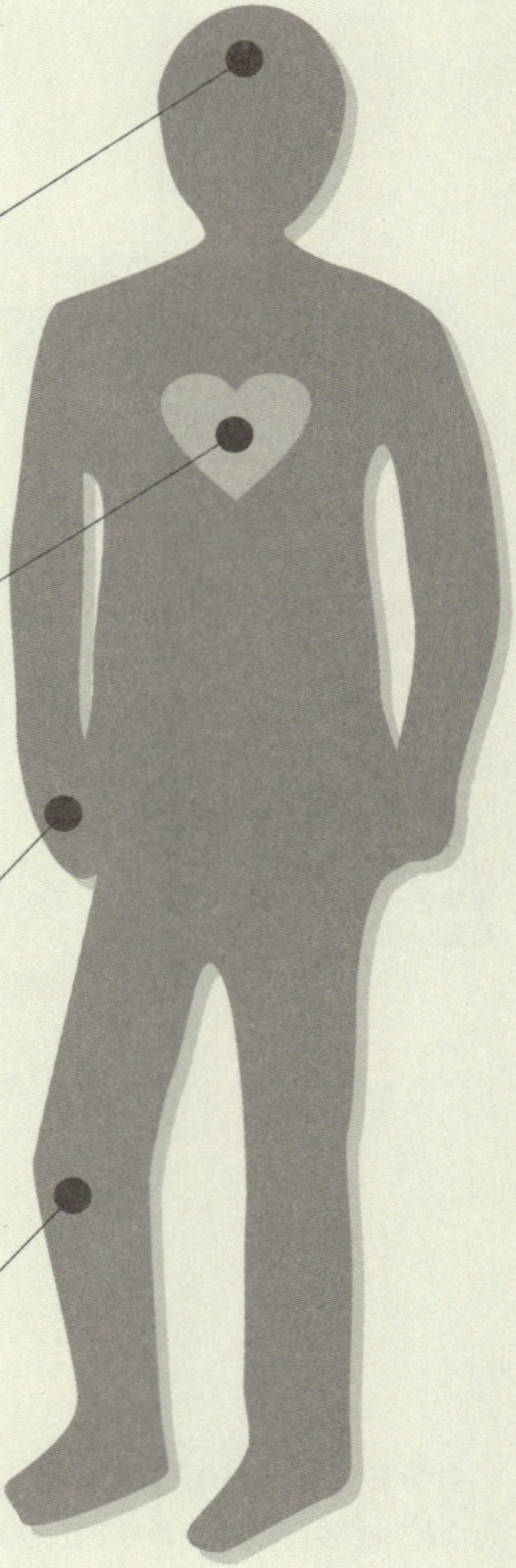

アタマを使いましょう

- 過ぎさった少年時代の日々を思い出しましょう
- あの頃、あんなことがあった
- 父母や先生、先輩から教えられ学んだこと
- 人生のさまざまな出来事を思い出してみましょう
- 新婚時代のあの町、あの友

ココロをうごかしましょう

- 卒業式での先生の言葉に発奮した日のこと
- 結婚式の友人のスピーチに涙した
- 趣味の作品が表彰された感動が忘れられない
- 孫に伝えたい戦時中の思い出を書きたい
- あの日のあのときの社会の出来事

手をつかいましょう

- 古い日記や手紙からメモを抜書きします
- 生まれ育った町の地図を描いてみましょう
- 古新聞、古雑誌などからこれはと思う記事を切抜いておく
- 自分と家族の「人生年表」を書いてみましょう
- 写真アルバムを整理しましょう

足をうごかしましょう

- 父母の郷里の町を訪ねてみましょう
- 先祖の墓地を改めて確認してみましょう
- 卒業した学校の現状を見にいっては（級友を誘って）
- 友人・知人を訪問して懐旧談に花が咲く
- かつて暮らした思い出のあの町を奥さんと再訪してみる

自分史は心で書く

自分史の基本は人生の回想から成り立ちます。幼かった頃の家族、周りの年長者とりわけ祖父母に可愛がられたこと。幼稚園や小学校で初めて体験したこと。敬愛する先生との出会い。幼なじみと遊んだこと。生まれ育った土地の季節の風物、家業の特徴ある行事や出来事。甘酸っぱい青春時代。友達との出会いや別れ。初恋。見合い。結婚。家庭生活。子育て。新入社員時代から定年退職までの社会人生活。定年退職後の第二の人生。

人生の成長の過程で経験したこと、出会った人々、忘れ難い出来事、地域社会とのかかわり。どれを書こうとしても心が弾むものです。もちろん後悔や反省もたくさんあることでしょう。触れたくないこともあるでしょう。自分史を書くことがなければ、生涯封印したままで終わってしまったこともあったかもしれません。それらが自分史を書き始めることで鮮やかに心の中で甦り、心をときめかせてくれるのです。自分史講座を実際に受講された皆さんにお聞きすると、そう感じていることがよくわかります。

自分史は頭で書く

自分史に何を書くのか、自分史の目次は？　題名は？　自分は何のために、なぜ自分史を書こうとしているのか、書いたらそれを本の形にするのか、本ができたら誰に読んでもらいたいのか、時間は？　費用は？　協力者は？….。

自分史を書く、自分史を本にするとなると、実にたくさんのことを考えて答えを出していかなければなりません。もちろん、はじめからすべての答えを出してからでなければ自分史を書くことができないわけではありません。考えながら書いていくのでもいいのです。書き進めるほどに、自分らしい自分史の姿がくっきりと見えてくるものです。

自分史を書く場合、基本となるのは自分の記憶と手元の資料（日記、手記、手紙、紀行文、寄稿、写真アルバムなど）です。さらに、時代背景や自分が関係した分野（業界、学会、地域社会など）について改めて調べたり参考文献を読んだり、誰かに話を聞くことによって自分史の内容はより充実することでしょう。

良い文章を書くためには、良い文章をできるだけたくさん読むことです。とくに、自分史を書く人には、作家の自伝、例えば、吉川英治の『忘れ残りの記』、大岡昇平の『少年―ある自伝の試み』などをお勧めします。名作を読むことは、自分史を書こうとするあなたの感性を刺激するはずです。

このように、自分史を書くためには、実に多くの事柄を考えたり組み立てたり感じたりします。自分史づくりは頭を鍛えるのです。

自分史は手で書く

ある自分史講座でのことです。十名の受講者（六十二歳〜八十八歳）のうち「自分史を書く方法」について聞いたところ、

・パソコンにテキストデータを打ち込む・・・二人
・ワープロで打ち込む・・・一人
・原稿用紙に手書きで書く・・・二人
・ノート等に記入し、他人に依頼してテキストデータにする・・・三人
・聞き書きで原稿を書いてもらう・・・二人

という結果でした。

自分史講座の受講生はほとんどが七十代の男女です。とかく女性の場合は、パソコンなんか触ったこともないという人が多いのです。男性の場合でも、サラリーマン時代は仕事のうえでいやというほどパソコンを使ってきましたが、定年退職後は「もう触りたくもない」という人もいるのです。

パソコンであれ、手書きであれ、自分史の完成に手先を使うことは不可欠です。自分史講座を受講した八十八歳の老女はコクヨの四百字詰め原稿用紙を購入して、鉛筆で一字ずつ枡目を埋める作業を続けました。講座の修了時には約五十枚、合計二万字の自分史を書き上げ「おかげで心身ともに元気を頂きました」と感想を述べられたのには感動させられました。

パソコンのキーをたたく手と指から、鉛筆やペンを握る手先から、自分史は紡がれていくのです。

自分史は足で書く

「自分史を書くことになったので久しぶりに郷里を訪ねた」
「ご無沙汰していた友人（恩師や知人も）を訪問、昔話に花を咲かせた」
「昭和館や東京大空襲資料センターに足を運んで昔のことを調べてきた」
「写真ページをつくるために、昔住んだ町へ出かけて撮影してきた」

このように、自分史を書き始めると、あのことも書いておきたい、あの人に会って確かめてみたい、故郷や母校がどのように変わっているのか見てみたい、という欲が出てくるものです。

そのためには足（もちろん車や交通機関も）を使ってその場所に出かけて行かなければなりません。より良い自分史のために足を使うことは楽しいものです。

このように、自分史は「心で書く自分史」、「頭で書く自分史」、「手で書く自分史」、「足で書く自分史」というように、心と全身を使って書き上げるものです。まさに自分史づくりが心身を鍛えることにつながるのです。

このように全身を使ってつくりあげる自分史ですが、人それぞれに個性があるように、自分史もさまざまです。次節では、いくつかに分類しながら、この多様な自分史を解説していきます。

自分史を目的から分類する

「自分史講座」や「自分史教室」には、それぞれの人生を生き抜いてきた人たち、主にシニア世代が参加し熱心に受講しています。私はいつも講義のはじめに、受講者の皆さんに「なぜ、自分史講座に参加したのですか」と聞くことにしています。その答えはだいたい次のように分けることができます。

「すでに自分史を書いている（あるいは書き始めた）が、より良い自分史にしたい」

「自分史に関心があるが、どう書けばいいのかわからない」

「自分史とはどういうものか知りたい」

中には、いろいろな講座を渡り歩く「知的好奇心」旺盛なシニアもいます。

講座や教室は「自分史とは何か」からはじまり、「なぜ今、自分史を書くのか」、「どういう自分史をつくりたいのか」、そして「より良い自分史をつくるためにはどうすればいいのか」などと進んでいきます。「自分史入門」で、最初にはっきりさせておきたいことは、「何のために、どういう自分史を書きたいのか」ということです。

「自分史を書きたい目的」から分類すると、おおよそ次のように分けられます。完成した自分史のいくつかの例を挙げてみます。すると自分史を書きたかった動機、どんな自分史を書き上げたのかが見えてきます。

■シオガイグループ創業者
塩貝　博　自分史
『私の風雲航海記』
ー波乱と感謝の人生80年ー
著者・発行者　塩貝　博
編集協力　前田 義寛

人生の歩みを振り返って自分自身のために書き残しておきたい。

＊八十歳の男性の自分史の場合

鉄屑拾いから身を起こして、鉄スクラップを中心に産業廃棄物のリサイクルセンター事業を成功させた創業者です。戦時中は瀬戸内海の小島に疎開しましたが、終戦後間もなく前後して父母は病没。今なら助かる病気もペニシリンの入手が困難だった時代です。十五歳で両親を失った少年は「商売で生きていく」ことを決意、上京して屑もの問屋で働き始めます。大八車をひいて「くずーい、おはらい」と声を張り上げて東京の街を行く青年は、金属屑の回収に目を付け、十九歳で店を開きます。市況の波に翻弄されながらも鉄屑商売のコツを自ら習得、商売を大きくしていきます。

三人の頼もしい息子に恵まれ家族一体で事業経営を発展させ、長男に経営のバトンを渡し引退しました。ところが、長男は富士山登山の途中、落雷で命を失うというとんでもない事態が発生します。しかし、不幸を乗り越えて次男、三男を中心に家族は結束、新たな経営体制をつくり上げ危機を乗り越えました。

波乱万丈の人生を回顧し、周りの人々への感謝の気持ちを込めた自分史を完成させました。

体験や経験を記録して次世代や後輩に伝えたい。

＊七十歳の女性の自分史の場合

定年退職するまで、保育・介護・福祉一筋に歩んだ職業女性です。社会福祉の制度、施設やソフトが整っていなかった時代から、働く母親を支える保母という職業を選び、やがて社会福祉施設で障がい者支援の仕事に就き、専門職としてのキャリアを重ねていきます。そして向き合ったのが高齢者問題でした。自身の母親、義母が相次いでアルツハイマー病となり、その介護を体験します。

自分史では、福祉専門職としての具体的な体験に基づいて各種施設の状況を時系列的に記述しているので、介護や福祉の資料としての価値もあります。女性の自分史らしく、身内の介護に直面したときの心の葛藤も率直に書かれています。筆のよく走る女性で、この自分史は四百ページを超える大作となりました。こういう自分史こそ、社会福祉の仕事を目指す若い人たちにぜひ読んでもらいたい作品であり、ある意味で社会性のある自分史ということができます。

私小説のように青春の思い出を書いた。

＊六十二歳の女性の自分史の場合

人生のすべてを書くだけが自分史ではありません。人生のある時期だけ、体験や思い出だけを切り取って書くのも自分史です。「こんな文章が自分史になるんでしょうか」という相談を受けました。文章の上手な六十二歳の女性が、遥か昔、高校時代の友人関係を回想して書いた文章はまるで私小説のようでした。

　私がアドバイスしたことは「過去の回想だけでなく、過去の友人関係が今のあなたの人生とどのように関わりがあるかを書いてみたら」ということでした。同窓会に姿を見せなくなった友人は自死を遂げていました。なぜ彼がそこまで追い詰められていったのか、回想の中に書き手と亡き友人の間のそこはかとない青春時代が感じられます。この女性にとって、このことをまず書いていかなくては、ほんとうの意味での人生の記録にならなかったのでしょう。おそらく、この自分史は限られた人の目に触れるだけかもしれませんが、それでいいのです。

人生の歩みを家族のために書き残しておきたい。

＊八十八歳の女性の自分史の場合

　大正十五年生まれの女性です。太平洋戦争の終戦の年、昭和二十年末に復員した男性と結婚しました。衣食住に不自由した時代ですから質素な結婚式でした。戦後の混乱期に起業した夫の事業が軌道に乗るまで、子育てしながら夫を支え続けました。ようやく、人生の喜びを味わい始めたと思ったら、夫は病に倒れ先立ちました。

　孫や曾孫に囲まれて幸せな家族の肖像を見た孫娘の「お婆ちゃんって、幸せな人生だったのね」の一言が、八十八歳の老女に自分史を書かせました。「この日が来るまでには、日本という国も社会も、家族の一人ひとりも、それぞれがつらい体験を重ねてきた。そのことを私は、孫や曾孫のために書き残しておきたい――」これが老女が自分史を書き始めた動機でした。

いかがでしょうか。目的や動機はさまざまですが、いずれも自分史づくりによって、人生の「楽しみ」というゴールにたどり着いたのは確かなようです。もちろん、楽しみは何種類もあります。

まずは書く楽しみです。自分史を書き始めると「あれも書きたい」、「これも書いておきたい」と書くことへの欲求が泉のように湧いてきます。なぜなら自分史は人間関係の忘備録という側面を持っているからです。『この日、この空、この私』とは作家城山三郎の言葉です。「いつどこにいようとも自分を見失うな」ということでしょう。自分史に当てはめれば「あの日、あの空、あの私」です。あの頃の、あのときの「私」を書いていく作業の楽しさを味わってください。

また、自分史づくりは長く大きなプロジェクトです。自分史とは、一人でつくりあげるものですが、意外にも仲間ができる楽しみというものがあるのです。例えば自分史教室や自分史講座に通った場合は、受講者どうしが講座修了後も交流を続け、「自分史仲間」になることでしょう。自分史は書いて終わりというものでもありません。お互いの自分史を交換し合う、感想を互いにやり取りするなど、出来上がった自分史はさらに発展を続けます。世はインターネット時代。自分史をインターネットで公開する人も増えています。

『自分史』をキーワードに見知らぬ人と新しく交流が始まることも珍しくはありません。

最後は、完成後の楽しみです。自分史を読んでもらう楽しみです。自分史を書いたら誰に読んでもらいたいですか? 読んでもらいたい人の手元に自分史を届けるのは大きな喜びです。想像するだけでワクワクしませんか。自分史を本の形にするとこの楽しみはさらに広がります。

出来上がった自分史を図書館（出身地、母校、地域社会、業界団体等）に寄贈するのです。あなたの思いと渾身の力を込めて書き上げた自分史を見ず知らずの人が読んでくれるかもしれないのです。本を読んで感動した、あるいは生き方が変わったというようなことはどなたも経験されていると思います。

あなたの自分史が、見知らぬ読者の感動を呼び起こすかもしれないのです。こんな嬉しいことはないでしょう。そのためにも、ぜひ本書を読んで、つくるときは自分が楽しい、つくったあとは読み手が楽しい自分史づくりを成功させてください。

自分史を体裁から分類する

次に、自分史の体裁、つまりどのような表現手段を使っているかに着目して分類してみましょう。自分史が文章を書くことだけではないことがわかり

■『わがソフトウェア人生』
著者　丸森隆吾
発行所　コンピュータエージ社

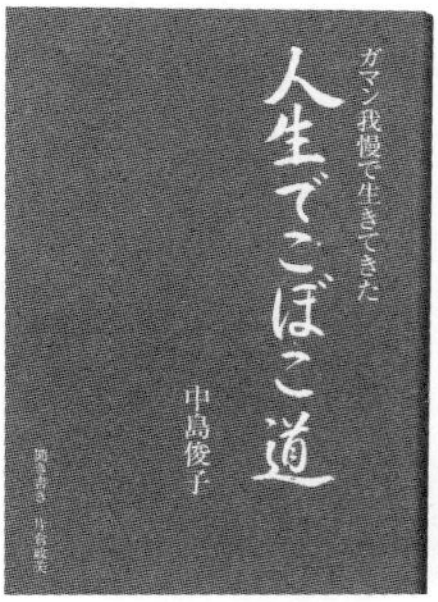

■『人生でこぼこ道』
著者　中島俊子

ます。

文章の自分史

自分史というと、誰しも最初に思い浮かぶのは、文字で書かれた本や冊子の体裁の自分史ではないでしょうか。実際、この本も、自分史を文章で書きたい人のために書かれています。自分史とは、人生の歩みの中で体験した事実の記述と、過去を振り返って何を感じるのか、そのことが自分の人生でどんな意味があったのかなど、きわめて論理的に組み立て、書き進めていくものです。

物事の考え方には、論理思考と感覚思考があります。論理思考とはいってみれば一本の線のように、時間を追ってまっすぐ伸びていくようなものです。これに対して感覚思考は、全体を面として感覚的にとらえます。文章の書き方にもこの二つがあります。

論理的な思考を表現したり記録したりするのに適するのは言語であり文章です。自分史を論理的に組み立てて記述しようとするなら文章で書くのがいいのです。文章で綴った自分史は本や小冊子の形で完成します。本や冊子の自分史は保存や贈呈にも適しています。

■一番大切なことを記録に留める…
私の自分史、私たちの社史
さんくーせ．物語
著者　田淵あきら
発行所㈱さんくーせ

映像の自分史

ＩＴ技術の発達に伴って「映像メディア」は多様化しています。フィルムからビデオへと劇的に変化した映像メディアですが、その後の通信技術の革新からカメラ付き携帯電話が登場、最近ではｉＰａｄのような映像機能が強化された媒体も登場してきました。

これまでの映像自分史といえば「ビデオ自分史」が主役でした。ビデオカメラに向かって自分が語り家族を紹介し、写真や地図、思い出の品なども取り込んで編集します。現在ではパソコンのビデオ編集ソフト（Video Editor、ムービーメーカーなど）によってビデオ自分史が思ったより簡単につくれます。静止画（写真）に文字を挿入（テロップ）した「アルバム自分史」もつくれます。全部を、または部分的に動画（ビデオ）を挿入、ＢＧＭ（背景音楽）付きの「ＤＶＤ自分史」など、映像自分史は多様化しています。テープレコーダーに吹き込んだ録音による「耳で聴く自分史」もあっていいでしょう。ミュージシャンの小椋佳さんが音楽活動35年を記念して「小椋佳自分史」と題してＣＤをリリースしました。音楽家ならではの自分史ではないでしょうか。

動画や静止画の編集には一定の技術が伴いますから、自分で処理できない場合、より本格的な作品に仕上げたい場合は、映像専門会社に委託することになります。最近では、ビデオ自分史、写真自分史を専門とするプロダクションも増えてきました。

■第二歌集
『春の残照』
著者　嶋　三四郎
発行所　㈱河出書房

創作作品でつくる自分史

自分の創作的な作品だけでつくる自分史もあります。俳句、短歌、詩などの文芸作品、絵画、写真、書、最近では絵手紙などの創作作品をまとめた自分史もあります。写真の好きな人が「喜寿記念・私の写真史」を、俳句の好きな人が「我が人生の歳時記」を自費出版したケースもあります。家族の写真を集めて編集した「写真家族史」もあります。

写真や俳句の作品にその時期の自分の思い出や時代背景の短文を付け、通読するとその人の人生が垣間見えてくるという、これも自分史の一つの形でしょう。

その他の形の自分史

「日記自分史」というのがありました。文字通り、自分の日記の一行だけを切り取って一年の時系列に並べた自分史です。

「＊＊年＊月＊日　陽子一家来訪。啓介が大きくなった。父の薬を病院にもらいに行く」

「＊＊年＊月＊日　昇給の検討。決算が思ったより良好だった」

「＊＊年＊月＊日　ゴルフ。スコアは書くに値せず」

こうした記述だけで一五〇ページの本になっています。一行の意味することは第三者に意味不明ですが、全体を通して読むと、作者が中小企業の経営者で、家族が病身の父親を抱え介護に苦労していたこと、家族が次第に増えて人生をエンジョイしていることなどが伝わってくるのです。かなり風変わりな自分史ではありました。

インターネット時代らしく「ツイッター自分史」も登場しました。ご承知のようにツイッターは一四〇字以内でメッセージを伝えるインターネット上の情報発信の形ですが、自分が発信した一四〇字の情報を再編集して一冊の自分史が出来上がりました。

同じことが携帯電話にもいえるでしょう。毎日、見たこと、感じたこと、伝えたいことをカメラ機能で記録、メッセージを打ち込めば「ケータイ日記」となります。このデータをパソコンに取り込んで編集すれば自分史的な記録となることでしょう。

■『ボクのつぶやき自伝』@yojikuri
著者　久里洋二
発行所　新潮社

自分史を中身から分類する

自分史とは、一言でいえば自分自身の人生の歩みの記録と、自分の思いや信念を発信するメディアということができますが、その中身やタイプはさまざまです。どんなタイプの自分史にするかは、人それぞれの意志で決まるものです。「自分史」は固定した枠組みにとらわれることなく、のびのびと自分だけのスタイルを見出してみてはどうでしょうか。

■『桜を切るとき』
重田長二郎一代記
著者　重田 長二郎
編集制作㈱インダストリアル・パブリシティ・エージェンシ（ＩＰＡ）

以下に、いくつかの自分史のタイプを実例をもとに挙げてみます。

生涯記録

生い立ち、家族や故郷のこと、少年・少女時代の思い出、学生時代の学友や恩師のこと、恋愛時代のこと、結婚・子供の出生・育児の思い出、社会人としてのステップ、交友録、趣味や旅行の記録、家族の絆、地域社会との関係、生き方やこだわり、家族や親族との関係、第二の人生の生き方…。誕生から現在まで、自分の人生のすべてを、時間を追って書いていきます。

書いていくほどに過去が鮮やかに甦ってきます。記憶の点と点を結ぶと線としての回想になります。回想の線を交差させていくと、そこに自分の人生の歩みが鮮明になっていきます。過去を見つめなおし、そこに新たな発見があったとき、何か新しい力が湧いてくる瞬間、それが自分史の醍醐味といえるでしょう。

半生記

人生のある時期だけ、あるいは特別な経験だけ、もっとも心に残る出来事だけを切り取って構成する自分史もあります。大岡昇平の『少年――ある自伝の試み』には昭和初期から戦前の渋谷駅付近の街の様子が生き生きと詳細に描かれていています。町の見取り図も挿入されていて、その町で著者がどのように育ったのか、町の変遷を通して時代の空気までも伝わってきます。

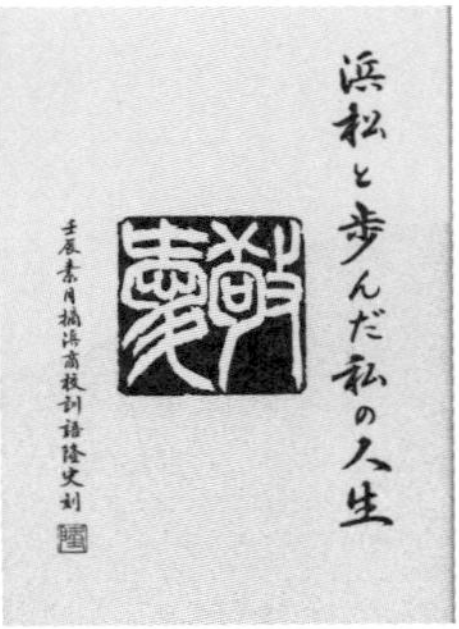

■『浜松と歩んだ私の人生』
著者　藤野 隆史
発行者　出版のススメ研究会

■『お母様』
著者　ドクター・中松
発行所　ミヤオビパブリッシング

森鷗外の『ヰタ・セクスアリス』は自分史ではありませんが、六歳から二十歳までの「金井君」という主人公を設定し、彼の少年期から青年に成長していく過程でいかにして「性」と向き合っていったかを1年ごとに書いていきます。

『忘れ残りの記』は、小説家の書いた典型的な自分史です。十四歳の少年、吉川英治は横浜のドックで船のさび落としのためにカンカンとハンマーでたたく労働者でした。投稿少年がやがて文筆の道に入っていく過程が住んだ町（横浜）の詳細な描写とともに自伝として書かれています。作家の自分史は読み応えがあります。

家族史

『鍵屋の歴史』という家族史を書き上げた人がいます。千葉・一宮で味噌づくりの旧家に生まれた筆者は、上場企業の役員で定年退職。もともと調べごとや文章書きが得意だったこともあって、家族史に挑戦しました。明治初期から現在までの家業の変遷と、両親の人生譜はもちろん、その家に縁のある親族の生きざまを追っていきます。

背景には明治、大正、昭和、そして平成へとつながる社会史が見えてきます。旧家に残された古文書、手紙、契約書、公文書などの古い書類、写真をふんだんに組み込んだ家族史が出来上がりました。筆者はすべてワープロで打ち込み、和紙にコピーしたうえ和綴じで二十五冊だけ製本しました。

■『裸のコンピュータ自分史』
著者　鍛原 民治
編集制作　㈱インダストリアル・パブリシティ・エージェンシ（ＩＰＡ）

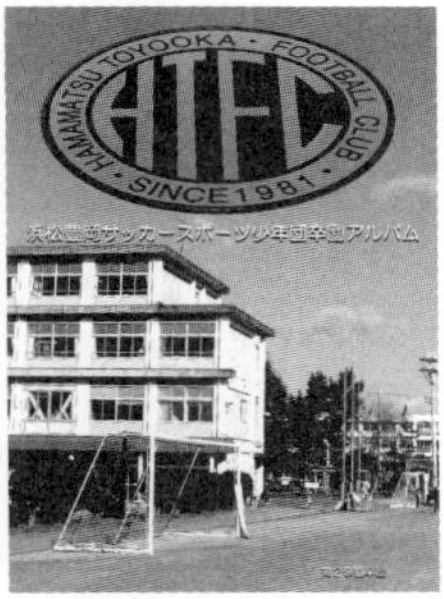

■『浜松豊岡サッカースポーツ少年卒団アルバム』
著者　第29回卒団
発行者
出版のススメ研究会

まさにすべて手作りの、家族への想いが隅々にまで刷り込まれた工芸品のような家族史でした。

自分たち史

一人で書くのが「自分史」なら、友人たちや仲間どうしで共同制作（執筆・編集）するのが「自分たち史」です。

クラス会で誰かが「一人で書くより、皆で同時代の思い出を書いて一冊にまとめよう」と提案します。一人が四ページ、四百字原稿用紙で十枚ほど書けば、クラス会二十五人なら百ページの「自分たち史」が出来上がります。費用の負担も少なくて済みます。

同じように、会社のＯＢ会や同期会、趣味やスポーツのクラブ、地域社会やボランティアのグループ、その他何でも「三人寄れば自分史」といってもいいくらい「自分たち史」をまとめる機会は多いものです。

仕事史

会社の社史は会社の歴史の記録です。経営、研究、開発、生産、販売、輸出や管理部門の仕事など、会社のすべてが時系列的に記述されるのが普通です。そこに書かれているのは組織としての、経営としての記録であり、個々の社員が実名で登場することはめったにありません。

しかし実際は、どんな商品開発・技術開発も、海外進出も担当した社員一

■『ニットに魅せられて』
著者　八木 原保
発行所　㈱ジム

人ひとりの汗と涙の結晶であるはずです。

定年退職後に「社史に書かれていない、ほんとうの社史を書きたい」という人がいました。

医療用コンピュータの開発の仕事を経験した彼は、商品開発と営業戦略のはざまで苦労した時代のことを綿密に書き上げました。在職中の手記やメモが役に立ちました。資料を駆使して自分自身の履歴と学んだこと、出会った人たちのこと、同期や先輩との葛藤などを率直に書きました。

ビジネスマンの自分史には社史の副読本みたいな、または「仕事史」のような側面もあるのです。

書簡集

『漱石全集』全三十一巻のうち、第二十五巻から第三十巻までが「書簡集」となっています。そこには夏目漱石が友人、知人、中には読者に宛てた漱石の手紙が採録されています。

「拝啓からだを大事にしろとの御忠告御尤なり。随分気をつけてゐる積なり笑ふ勿れ木曜会で菓子を食ふはあの位食っても差支ないと云う自信或る故也否あの位倹約したってどうせ胃はよくならないと云ふ信念ある為なり、悪い信念なり出来丈撤回に力むべし」

明治四十四年二月二十三日、弟子の小宮豊隆に宛てた手紙です。ユーモラスな手紙に漱石の一面を見ることができます。「書簡集」を読んでいくとそ

■『富士山静岡空港より
上海・浙江想出本』
著者　静岡大好義兄弟
発行所　出版のススメ研究会

の時代の漱石像が浮かんでくるではありませんか。

旅行記

過去に書いた旅行記や紀行文を編集すれば自分史になります。

深田久弥は『日本百名山』を書きました。「山の品格」、「山の歴史」、「個性のある山」が百名山の基準です。山を愛し続けた作家の自分史として読むこともできます。

鉄道マニアのことを「鉄ちゃん」というそうですが、知人の鉄ちゃんは定年退職後「青春18きっぷ」を駆使して日本列島完全走破を目指し、二年の歳月をかけて達成しました。その後、彼は路線ごとの写真と紀行文を合わせた『鉄ちゃん走る』という本をつくりました。

世界一周クルージングを運営する船会社では乗船客へのサービスとして、五十日にわたる船旅の中で寄港地ごとに夫婦の記念写真を撮影、下船のときに「世界一周クルージングの思い出写真集」をプレゼントするというサービスを実施しています。夫婦にとって、世界一周クルージングは、この上ない「夫婦史」となるでしょう。

自分史講座の現場から

私はこれまで、ロータリークラブ、倫理法人会、生涯学習施設、地域コミュニティなどの「自分史講座」、「自分史研究会」、「自分史教室」など、自分史についての講話・卓話や講座の講師を担当してきました。講座や教室の受講生の皆さんの中には、私の講義をヒントに素晴らしい自分史を独力で完成された方がたくさんいます。そういう自分史を恵贈されるたびに、「自分史が日本を元気にする」ことを実感しています。

では、自分史教室や自分史作成講座とは、どのような雰囲気でどのようなことが身につけられるのでしょうか。受講されたことのない方は興味津々と思います。そこで以下に、ここ最近の私が主宰した講座や教室のエピソードを交えながら紹介します。

まずは、お互いのプロフィールを知り合う

―横浜市岡村コミュニティセンター「自分史を学ぼう」

「長野生まれの私は、十歳のときに北海道・札幌の家の養子に出されました。寒さと養家になじめず、つらい少年時代でした。」―講座の開講の日に、受講生全員で自分の生い立ちを語り合いました。ほぼ同世代の人たちが、他人の自分史に耳を傾け、共感したり驚いたりしながら、これから書こうとする自分史への夢を膨らませました。

視点を変えて自分史づくり

—武蔵野文化センター「マッピング自分史」研究会

日本地図センターから地図専門家を招いて、はじめに「時代とともに地図はどう変わったか」についてのお話を聞きました。

吉祥寺の町の、明治後期→大正期→戦前→昭和三十年代→現在と、時代による地域の変化が地図から読み取れます。武蔵野の面影が次第に消えて市街地が増え、都市計画で区画が変わっていく様を地図ははっきりと物語っていました。

自分史を書くうえで地図は非常に有効です。誰しも生まれ育った町、勉強したり恋をしたり青春を謳歌した町、就職して最初に働いた町、転勤先の町、家族と長く住んだ町など、「場」の記憶が自分の中に刷り込まれているものです。手描きでいいので懐かしい町の地図を描いてみましょう。地図は人生の物語の起点でもあります。私は自分史に地図を取り入れることを「マッピング自分史」と呼んでいます。

本だけに留まらない自分史の表現形式

――赤坂区民センター「自分史教室」

「自分史ってどういうものですか」という質問から、この講座は始まりました。

そこで「自分史」講座を始める前に一本の「ビデオ自分史」を見てもらいました。「栄子七十歳」（市民がつくるTVF入賞作品）という三分のビデオ作品です。企画構成、出演とナレーションは栄子さん自身、ビデオ撮影は「三十六歳のバカ息子」が担当。栄子さんは生まれ育った町に何十年振りかで息子を連れて訪れます。今は廃線となった線路を歩きながら往時をしのびます。画面には昔の写真が次々と重なります。病身の栄子さんですが、亡夫の写真を前に「私はもうしばらく人生を楽しみますよ」というナレーションで明るく終わります。

ビデオを見て「自分史ってこういうものか」と、肩ひじ張らないビデオ自分史に皆さん納得されていました。そして、自分に合った自分史の表現形式を考えるところから自分史づくりが始まりました。

受講者は、我が街を共有する仲間たち

――文京区民センター「自分史講座」

行政が運営する生涯学習センターや高齢者施設で開催される「自分史講座」は区報などで区民に告知されますが、会場の制約から募集人員は二十名

くらいがふつうです。「自分史」という共通の関心事の下に集うわけですから、すぐに仲間意識が芽生えます。講義を始める前に「私が生まれた町」について各自が三分間話します。お互いが知らない町の様子を興味深く聞き入っていました。

自治体サイドが主催者となる自分史講座の場合、地域住民が参加します。そこで共通の関心事は、「我が町の変遷」です。本講座の場合、区が発行している地域マップを素材に、戦時中の町の様子、近年のめまぐるしい変遷などが話題になりました。

二〇一一、三、十五が初日
——目黒区高齢者センター「初めての自分史」講座

講座は二〇一一年三月十五日が初日でした。東日本大震災の四日後のことです。

都内の震災ショックも大きかったので、受講生がそろうかどうか心配でした。ところが申し込んだ人は全員出席しました。「こういう大変な時だからこそ、自分を見つめなおしたい」という思いからではないかと思います。

悲惨な被害の様子が映像や活字で目に飛び込んできます。津波で流出した大切な家族の写真をボランティアが回収する様子が報道されました。「記録（モノ）は流されても記憶は流されません」と、私は自分史を書いてまとめることの意義を受講者に語りかけました。

最終日には自分たちで自分史の製本作業

──すみだ学習センター「豊かな老後のための自分史」講座

自分史教室や自分史講座はほとんどの場合、座学とワークショップの組み合わせで構成されます。自分史の文章を添削する場合もあります。

すみだ学習センターの講座の特色は最終日のワークショップに簡易製本器を持ちこみ、受講生は、自分で書いた自分史のコピーに表紙をつけて製本し、一人三冊、講座の成果物として持ち帰りました。

平均年齢七十五歳の受講生は、少年少女時代にもどったような晴れ晴れとした顔で、「簡易製本自分史」を抱えて家路につきました。

いずれも自治体またはその委託期間が主催者として開催した自分史講座です。それぞれに個性があり、それぞれの地域や時期にふさわしい特色を持っています。自分史講座はこのように多彩なのです。あなたがつくろうとする自分史も、どんな形で何を伝えるのか、決まった形というものはありません。あなたらしい、あなたならではの自分史を考えてみませんか。

人それぞれに作りたい自分史がある

──中野区弥生高齢者福祉センター

自分史講座に参加する人の多くは「こんな自分史を作りたい」というばくぜんとしたイメージを抱いて参加します。講座のはじめに私は「皆さんが作りたい自分史について語ってください」とお願いします。「まだ、まとまっていません」という人もいますが、中には自分史の目次まで作って参加する人もいます。またある人は、一冊の「自分史帳」を持参しました。自分史に書きたい項目のあらまし、過去に自分が寄稿した社内報の切抜き、海外旅行のスケジュール表、人生の歩みを十年ごとに区切った人生年表、心に残った詩文の一節などを書き込んだり切抜きを貼ったりして三センチほどの分厚いノートです。この「自分史帳」から、自分史が始まりました。

また、戦時中の集団疎開の体験とその思い出を切々と語り、「戦時下の少年」だった自分を中心に書きたいという人もいます。人それぞれに歴史があるように、自分史も人それぞれなのです。

素晴らしい自分史の完成に乾杯

次章からが「失敗しない自分史づくり」本編の始まりです。自分史はあくまでも自己責任で書いて本にするものです。どんな自分史を書こうと、それは書く人の自由です。

自分史を書く作業を通して自分を見つめなおし、過去を改めて検証することで、少年時代の苦い体験や辛かったことの思い出が、幾星霜を経た現在の目で見つめると、必ず新しい発見があります。「過去のあなた」が「現在のあなた」にいかに深くつながっているかが、鮮明に見えてくるものです。

定年で退職したり、あるいは会社のリストラで人生に思わぬ転機が訪れたとき、また、健康に自信がなくなったり、家族や親族、あるいは友人知人の不幸に接したりすると、気分は落ち込むものです。でも、そんな時こそ、思い切って自分史を書き始めてはいかがでしょうか。

回想が進むにつれて心が弾み、過去の思い出と現実とが交差する中で、元気や自信を取り戻すはずです。これこそが自分史を書いて幸せになるということではないでしょうか。

自分史づくりは書き手であるあなただけを幸せにするものではありません。あなたの書いた自分史が、家族や友人の目に触れ、何気ない記述が共通の思い出につながり、読んだ人に楽しかった過去を思い出させたり、時の移り変わりを改めて確認させたりするものです。そのことが読み手の幸せにつながるとしたら、こんな素晴らしいことはありません。

本書を読んで、おそらく数ヶ月後には完成するあなたの自分史に乾杯！

第2章

準備と題材集め

コツ1　企画書を書いてモチベーションを上げる

自分史をつくる！　そう決めたら、最初にすることは何でしょうか。「原稿を書き始める？」――いいえ。では「資料を集める？」――いいえ。これも違います。自分史をつくろうと思ったら、まず「企画書」を書くことです。自分で自分のために企画書を書くのです。

一般的に企画書とは、提案者が関係者を説得したり理解を求めたりするために作成し、プレゼンテーションするものです。自分史づくりの「企画書」は、これとはちょっと異なります。

今、自分史をつくろうと思い立ったあなたの頭の中には数々の希望や楽しみがあります。例えば、こんな自分史をつくりたい、こんな人に読んでもらいたい、自分史をつくって○○を楽しみたい、などなどです。このような思いや目論見をきちんと文字化、すなわち文章化することで、まず自分自身のモチベーションを高めるのです。

せっかくつくる自分史です。つくるときは思いっきり楽しんでください。納得がいくまで極めてください。そのために、自分で自分のために企画書を書くのです。

企画書のサンプル

題（仮）	二度目の成人式　ー八十歳の記念にー
テーマ	還暦後20年を迎え、もし、あのときの選択が違っていたらという観点で半生を振り返る。
分　量	40ページ（原稿用紙約60枚）
形　態	A5版、一色刷り、50部
読み手	姉弟と親類、知人
制作期間	2012年2月～2012年6月
予　算	編集～製本（40ページ、50部）：約200,000円 （取材、編集に伴う諸費用は別途）
体　制	執筆：自分、校正：友人2名（詳細未定）
取材先	山岡達三（小中学校の友人）、河合浩（大学の友人）、高山先輩（大学時代）、太田さん（会社の先輩）
手持ちの資料	アルバム、卒業文集、日記、保管している年賀状、過去に書いたもの
目　標	人生の節目での選択を思い返し、それが最善または次善の選択であったことを確かめたい。「後悔しない」をモットーに生きてきたことを再確認したい。

コツ2 なぜ書くのか？ は書き手それぞれで異なって当たり前

自分史をつくる目的は何ですか？　読み手に自分の半生や思いを伝えること。いえいえ、そうとは限りません。

自分史はまさに書き手それぞれに目的があるものです。せっかく書くなら「読み手が楽しくなる」自分史をオススメしますが、無理に合わせることもありません。「自己満足や時間つぶしだ」ということなら、それはそれでかまわないのです。その目的を自覚していればよいのです。なぜなら、「作っているときが楽しい」ことがいちばん優先されるからです。

自分史をつくる目的は何？　自分史を書き始める前と書き終わって読み直しをするときに、もう一度考えてみましょう。肝心なことは、この目的にウソをつかないことです。

自分史をつくる目的が「多少自慢が入っても人生を肯定するぞ！」ということであれば、それでよいのです。原稿を一通り書き上げて、ご家族に読んでもらったときに「ちょっと自慢めいているから表現を控えめにした方がいい」と感想をもらっても、あえて書き直すことはありません。なぜなら「多少自慢が入っても人生を肯定するのがあなたらしい自分史」だからです。

「資料をきっちり集めて史料的価値を求めたい」という意気込みで、つくり始めた自分史なら、みっちり資料集めを行い、事実に裏付けされた自分史をつくりあげてください。思ったより手間暇かかるから、自分の記憶だけで仕上げようと手を抜いてはいけません。実際にできあがった自分史を読むと、きっと後悔が始まります。最初の気持ちや意気込みは、あなたの自分史づくりのモチベーションなのです。完成したときの評価基準になるのです。

なぜ書くのかは人それぞれ。目的を忘れず、完成後の達成感を味わいたいものです。

コツ3 自分史はみんなで書くこともできる

自分のことを書く自分史なのに、共同制作なんて変?　そうでもありません。みんなで書く自分史というのもアリなのです。自分史をグループで書く場合は次のメリットがあります。

客観性に富む

つまり個人の思い込みや勘違いが減るということです。「あの時代は○○

だった」とあなたが主張したとします。「いや、△△だよ。だって□□が××だったじゃない」と誰かが訂正してくれるわけです。

モチベーションが続く

メンバー全員の負けん気が刺激されます。「あいつがこんなのを書いてきた！　よーし、負けちゃいられない」とか、「人目もあるから脱落できないな」等のように盛り上がっていくに違いありません。「みんながいるからがんばれる」どなたにも心当たりがありますよね。

史料価値が高くなる

みんなで自分史を書くときは、なにがしかの共通テーマを各人が持ち、その共通テーマを背景にそれぞれが自分史を書いて、それが各章としてまとまっていく、このような流れになるのが一般的です。

例えば、共通の趣味を持つ仲間だったら、その趣味（囲碁、俳句、野球など）を軸に各人の自分史を綴ります。いくつもの記事が集まれば、そこに共通点が見えてくるはずです。この共通点は、時代を感じさせるキーワードであったり、ある時代を象徴する傾向であったりします。無名人の記憶や思い出が、いくつも集まることで、時代を証言する真実に昇華するわけです。つまり歴史的価値がそこに見いだされるわけです。

もちろん、何もこれは一人で書いた自分史は価値がないというわけではありません。一人ではあくまで一人の視点でしかないけれど、同じ時代を共にした複数の人々の証言には、歴史的価値が生まれるのもまた事実なのです。

コツ4 荷物整理は自分史のネタ探しのチャンス

今ではあまり見かけなくなりましたが、その昔、大掃除というものが各家庭で年に一度行われていました。畳を上げて床下まで掃除したものです。そんなとき、決まって叱られるのがお父さん。畳の下に敷き詰めた古新聞や物置の隅に紐でくくられた古い雑誌を読み始めたりするからです。

探し物があって物置に行くと、たまたま目にとまった懐かしい小道具を手にとって、感慨にふけってしまったことなど、大方の人は経験済みなのではないでしょうか。

古いものというのは記憶を取り戻すきっかけになるのです。要らなくなった不要物も何かしらの思い出を持っているはずです。荷物整理あるいは不要物の処分時は、威勢良く捨てる決断が必要ですが、ただ捨ててしまうのはもったいないですね。せめて写真に撮るなどして残しておきたいものです。

回想につながるモノ

・写真アルバム
・地図(旅行)
・土産品/絵はがき
・古い年賀状・手紙
・表彰状・トロフィー
・社内報・社史・社内旅行アルバム
・学校新聞・同窓会誌
・新聞・雑誌・切抜き
・その他

コツ5 インターネット情報の扱い方

インターネットは使い方次第でとても便利なものです。これを使わない手はありません。かといって、こればかりを使っていてはまずいのです。発信者が連絡先を明らかにしている情報は信じるに足る場合が多いでしょう。少なくとも、その情報に対して、発信者は責任を持っています。ところが、匿名またはハンドルネームだけの情報は何ともいえません。匿名だからこそ、発信できる情報もあります。無責任な立場で単に情報発信したいだけの場合も匿名を使うことでしょう。デマを拡げたい愉快犯もいるかもしれません。

世間話を思い出してみてください。友だちどうしでうわさ話をするとき、ついつい尾ひれを付けて話しませんか？　事実の部分は前振りだけで、盛りまくった尾ひれがほとんどになってしまった経験はありませんか？　あなたの周りに、ウソや脚色を受け入れない人や毛嫌いする人もいれば、逆に盛りまくりの人もいますよね。インターネットも同じことです。

心構えを一つ。インターネットとは傾向をつかむもの。発想のヒントとして使うもの。自分史を書いていく上で原稿の拠り所にしてはいけません。傾向をつかむとはウラを取ることです。よく刑事ドラマなどで、アリバイを供述すると必ずウラを取ります。それと同じです。探している情報をまったく

別の観点から検索してみるのです。同様のことをいっているホームページや記事があれば信じる価値はありそうです。複数の情報源で同じ意見なら、信じるに足る可能性が高いのです。

賛否両論、いろんな意見が錯綜しているときは、どれを信じればいいのでしょうか？　どれも信じてはいけないのでしょうか？　そんなことはありません。

あなたのいちばんぴったりくる意見に賛同すればよいのです。「いろんな意見があるが、私はこれを支持する」と立場を明確にすればよいのです。そのとき、あなたは何を根拠に支持したのでしょうか？　その意見の何が心地よかったのでしょうか？　その理由と原因をさらに調べることで、欲しい情報にきっとたどり着きます。まずい（つまらない）のは、「どの意見も順当だ」などと八方美人になることです。

なお、インターネットの世界ではコピペ（コピーして、貼り付けること）はお手軽な作業です。手軽にできるということは資料価値に欠けるのはもちろん、それ以前に著作権法違反（犯罪です）になりかねない行為です。インターネットで易々と手に入れた情報をコピペしてレポートを提出する学生の存在が教育機関で問題になっています。自分史づくりは営利目的でないし、私的な文章だから大丈夫ということはありません。あくまでも他人の書いたものは他人の財産なのですから。他人の財産を勝手に使用するということが問題になるのです。それが犯罪になるということです。くれぐれもコピペで易々と著作権を侵害することのないようにしましょう。

コツ6 図書館は情報の宝庫

図書館は情報の宝庫です。そして図書館には一般的な書籍以外の資料も保管されています。

公共図書館は全国に三千百九十六館あります（日本図書館協会、『日本の図書館』二〇一〇年版より）。大学の図書館も一般に開放しているところが多いようです。こちらも同調査によれば、千六百七十九館。合計四千八百七十五館！

ほとんどの図書館に相談窓口が設けられ、図書館の利用方法から本に関するさまざまな相談まで答えてくれます。探している資料がその図書館になくても大丈夫です。図書館どうしの連携で、ほしい資料や本を貸してもらえることが多いのです。

インターネットを介して図書館の情報に接することもできます。たとえば国立国会図書館の「オンラインサービス」を利用すれば資料や図書のありなしが即座にわかります。また、神奈川県立川崎図書館は「日本一の社史図書館」として知られています。自分の勤めた会社の属する業界のことを調べるのに便利です。

なんといっても、それらが「無料」で活用できるのが最大の特典です！　図書館、とくに公共図書館を使わない手はありません。

コツ7 活字にだまされるな

活字に惑わされてはいけません。印刷物（書籍）になっていると、それだけで権威が増すものです。出版界が冬の時代といわれてはや十年以上経ちますが、ビジネス書のコーナーは新刊が相次いでいます。その半数以上は著者が箔を付けたいがために「企画出版」しているともいわれています。それほど書籍というものは、威厳のあるものとして受け止められるものなのです。

そんな見せかけの権威にだまされないためには、著者や発行元を確認するのがいちばんです。書籍には、巻末などに著者の経歴や活動状況が紹介されています。その経歴を見て、本の中の記述の信憑性を推測することができます。著者の経歴からして専門ではないはずなのに、持論を主張し、断定しているときは、何か理由があるはずです。さしあたって理由もなく断定しているときは、思い入れがあるはずです。その思い入れを説明していない場合は眉唾モノかもしれません。

「学者」の肩書きがあれば信用できるのかというとそうでもありません。異端児扱いされている学者の先生もいますし、「権威ある学者」の主張でも、扱い方次第でまったく関係のない主張に利用されることもあり得ます。
「信頼できそうかどうかを自分なりに考える」という習慣を身に付けておきたいものです。

また書籍は、企画から刊行までに時間がかかるものなのです。何十年も前に発行された書籍では、発行当時は正しくても、現在では誤りとなってしまうこともあります。例えば、太陽系の惑星を「すいきんちかもくどてんかいめい」と覚えませんでしたか？　太陽に近い順からの惑星です。ところが今は違うのです。「冥王星は太陽系の惑星ではない」という決議が国際天文学連合（ＩＡＵ）総会で二〇〇六年八月二十四日に採択されました。現在の理科の授業では、「すいきんちかもくどてんかい」と習っていることでしょう。自然科学の学説でさえ、時を経れば変わることもあるのです。

「インターネットはウソばかり」と思い込むのがナンセンスであるように「本になっているからすべて信用できる」というのも浅はかな幻想です。

自分史を書く上で、年表、社会動向、業界事情などを文献から引用する場合には注意してかかりましょう。

コツ8

資料館の探し方

資料探しはまず図書館でというのが基本です。自分史に役立つ資料探しなら、歴史資料館も欠かせません。歴史資料館はいろんなところにあります。所在地や資料の内容、利用方法などはインターネットで調べられます。

「歴史資料館、（地名）」で検索してみるのです。そうするとその地域の歴史資料館が検索されます。「資料館、（地名）」で検索すると歴史資料館以外の○○資料館が検索されます。（地名）には市町村名を入力して検索します。○○市や○○町のように入力します。市町村名で検索してめぼしい資料館が見つからないときは、県名で検索してみます。たとえば、「神奈川県、資料館」と入力します。神奈川県立歴史博物館、横浜市歴史博物館、神奈川近代文学館をはじめ、新横浜ラーメン博物館、川崎市立民家園など多様な資料館情報に近づくことができます。

自分史を書く上で便利なのは、昭和の生活文化の資料を展示している「江戸東京博物館」、「昭和館」、「大東京空襲資料センター」などです。

コツ9 高齢者の話を聞くとき

自分史の題材集めとして、学生時代の恩師や会社勤めの時代の上司に話を聞くことも多いことでしょう。高齢者の方々にお話を聞くことが多くなると思います。その際、気を付けることが三つあります。

長くても二時間にとどめる

取材時間は二時間を目安にしましょう。これは高齢者に限ったことではありません。

人間の集中力はもって二時間です。もっと話してくれそうに感じたら、身体を動かす、場所を変える、雑談を交える、などで休憩（息抜きの時間）をとります。

ちょくちょく会える環境であれば、日を改めるもの効果的です。取材相手が乗り気になってくれた場合は、次回に資料を提供してくれたり、思い出を整理してきたりなどより深い取材に広がることが多いようです。

低い声で話す

高齢者の方々にとって、「高い声」は聞き取りにくいといわれています。

聞き手であるあなたは「低い声」で話してください。腹式呼吸を意識して、お腹をふるわせながら、はきはきとしゃべるようにします。そうすると、よく通る声かつキンキンしない、つまり誰に対しても聞き取りやすい声でしゃべることができます。

大きな声を出そうとすると、ついつい声が高くなることがあります。高い声にすると声の通りがよいので、自分では大きな声でしゃべっているというつもりになってしまいがちです。すると高齢者の方はキンキンした音に悩まされるのです。

水分をこまめに補給してもらう

声を出すと唇や喉が渇くので飲み物は欠かせません。高齢者の場合、ご本人の自覚（喉の渇き）以上に身体は水分を欲しています。話が盛り上がってくると、目の前にお茶があっても飲まないものです。頃合いを見計らって、あなたの方から飲むなどして、さりげなく飲み物を勧めましょう。喉を潤すことは、高揚した気持ちを客観的な気持ちに戻すにも効果的です。

余談ですが、喫茶店などでは、取材相手と同じものを注文しましょう。コミュニケーション術の「同化」というテクニックです。相手と同じ行為をすると親近感が増し、警戒心を解くことができるそうです。お試しあれ！

コツ10

録音データに頼らない取材原稿は記憶と聞き取りメモで書く

取材の七つ道具の筆頭に挙げられることも多い録音機。大事な話を聞き漏らさないためにも、録音することは必須です。

ＩＣレコーダーは、小さくかさばらず、携帯に便利です。しかし取材の基本はあくまでも取材時のメモです。録音データは予備の情報なのです。録音データは、原稿がまとまったあとの推敲（ブラッシュアップ）時に参考までに聴くものです。念のために聴くものです。

「録音しているから聞きっぱなしでいいや」と思って、メモをとることをおろそかにするとろくなことがありません。メモを取らずに話を聞くと、相手の話やそのニュアンスを記憶に残すことが難しくなります。原稿にまとめるときは、聞き取りメモと聞き手の記憶だけで書き起こすことを心がけてください。きっちりメモをとり、できるだけ頭で覚えるように取材することをおすすめします。

ちなみに、録音データから原稿を起こすことを「テープ起こし」といいます。この作業は途方もなく大変な作業です。二時間の録音データを文字化や文章化するだけで三万円前後かかります。文字化、文章化されただけでは自分史の原稿にはなりません。それを再構成してはじめて原稿となるのです。

コツ11 複数のキーワードをメモして線で結ぶ

話を聞きながら同時にメモをとるのは難しい作業です。聞き取りメモに、「きちんとした文」は必要ありません。

きっちりとした文としてメモしなくてよいのなら単語をメモすればよいのか？ ここが落とし穴です。気になったキーワード、つまり単語をメモしていくと、原稿に起こすときに、「はてこの言葉は何のことだっけ？」と迷うことがおうおうにあります。単語＋単語でメモするようにしましょう。固有名詞、動詞、形容詞を書き取るようにするのです。例えば、入学式の桜の思い出のときは「桜」だけでなく「講堂　入り口　桜」というようにメモします。

また、話してもらう内容は連想ゲームのようにつながっていることがほとんどです。メモしていったキーワードに、その後の話題でメモしたキーワードがつながるときは線で結びます。

このような状況を考慮すると、取材に使うメモ帳は少し大きめのサイズが望ましいでしょう。聞き取りメモには、手帳よりノートを使うのがコツでもあります。

このメモは他人が見てもさっぱりわかりません。数日経つと、自分で見ても理解できないことでしょう。取材が終わったら、メモと記憶を頼りに取材内容をできるだけ早く文字化・文章化します。取材内容を文字化・文章化するまでが取材なのです。

取材メモの例

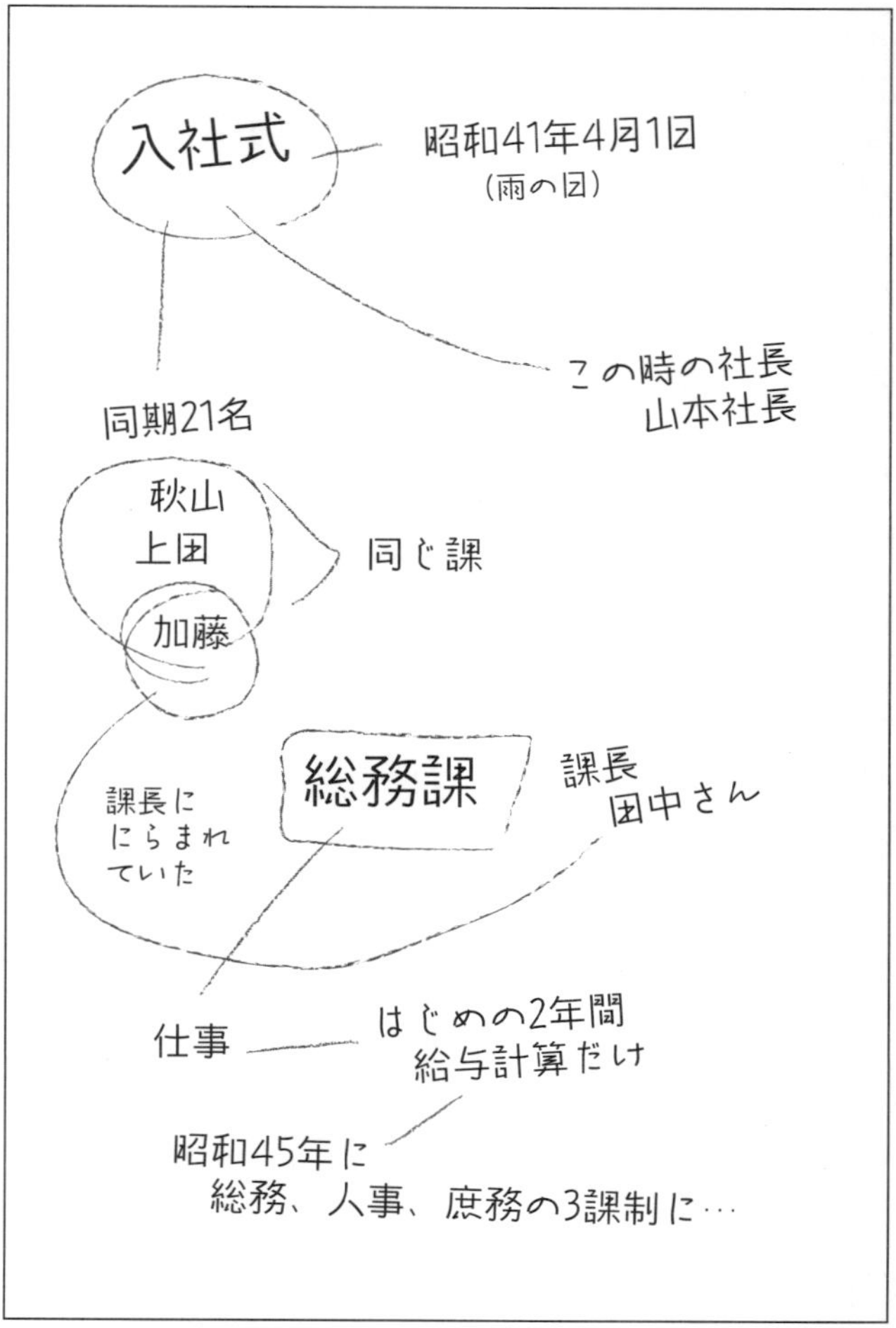

コツ12 著作権とは?

著作物に関する権利のことを著作権といいます。

自分史を書くときに、最も引用の対象になるのは新聞記事でしょう。この新聞記事は単なる事実ではありません。取材した記者およびその新聞社の意図による編集という工程が踏まえられています。これをそのまま転載すると著作権を侵害することになります。

「この出来事を紹介したい」というときに、手元に新聞記事がある場合は、その記事をあなた自身が要約した文を新たに書き起こして、「○○新聞の○年○月○日の朝刊(夕刊)には、(あなたが要約した文)という記事がある。」とするのが、いちばん安心です。これだと、書き手であるあなたが資料をもとに新たに書き起こした文章になるので、引用に当たらず、著作権を侵害することがありません。

著作権は宣言する必要のない権利です。著作権者を表すコピーライトマーク(マルシーマーク)がなくても、著作権宣言がなくても、著作権は存在します。放棄されたわけでもあろうとなかろうと著作物は著作物なのです。

ただし著作権には有効期限があります。日本では著作者の生存期間およびその死後五十年間です。保護期間を過ぎた著作物は人類共有の財産であり、誰もが自由に利用することができます。ただし、著作権が切れたからといって、その著作物や著作者をおとしめるような改ざんは許されません。

なお、著作物とは創作物です。事実やアイデアではありません。つまり単なる事実に関しては、著作権は生じません。

一般的に、自分史の中で当時の社会・文化動向、流行などについて文献から引用する場合には、できるだけ自分の言葉遣いや表現に書きかえるか、ある部分をそのまま取り入れたい場合には「」でくくり、末尾に出典（書名、著者名、出版社名、年代等）を明示します。ある頁で自分が書いた原稿の分量以上の引用はしてはいけません。

第3章

自分史の設計図を描く

コツ13 価値観の変遷は使える

人生とは理想と現実の戦いなのかもしれません。社会に出たての頃の理想通りに社会人生活を全うしたという方はまずいないでしょう。人生の中で妥協あるいは考え方そのものを変えることは珍しくありません。現実を知らなかった。境遇が変わった。理想と思っていたことがそもそも表面的な考えであり誤解だった。などなど価値観が変わる理由は様々です。この価値観の変遷を自分史にうまく取り入れると、あなたの生き様をぐっと迫力あるストーリーとして伝えることができます。

イタリア映画『山猫』でアラン・ドロン演じるタンクレディの台詞「変わらずに生きてゆくためには、自分が変わらねばならない」は政治家の小沢一郎氏が引用したこともあり、ご存じの方も多いと思います。

変わる、つまり価値観は変わるモノなのです。変わるということが成長であり、人生の軌跡なのです。人生観のような大げさなものから食べ物の好みのような小さなことまでが価値観の一種です。むしろ日常の小さな事象に関わる価値観のほうが、読み手の共感を得そうです。

例えば、子どものとき嫌いだったネギ。今では焼き鳥でいちばん好きなの

はネギマだとします。「大人になったので単に好みが変わった」では踏み込みが浅くて、使えません。なぜ嫌いだったのかを掘り下げます。それを象徴するエピソードと、好きになったきっかけのエピソードまで用意し、その変遷を自分なり解説すれば、自分史で使える「価値観の変遷」となるのです。

コツ14 自分年表にコメントを付けてみる

昔のことを思い出そうとして、あらかた思い出したとして、もうこれ以上思い出せないというとき。それでも、さらに記憶をよみがえらせるテクニックがあります。

生まれた年から順にあなたの年表をつくっていきます。最初は、客観的な事実です。どこで生まれたとか、どこの幼稚園に入学したとか、どこの小学校に行ったなどです。

次にあなたの身に起こった大きな出来事を書いていきます。この年に初恋をしたとか、親友ができたとか、友だちと大げんかしたとか、親に隠れてタバコを吸ったこととか・・・。

これらの出来事を書き終えたら、コメント付けです。まず「今のあなた」としてのコメントをそれぞれの出来事に付けていきましょう。付けたコメントに対して、「当時のあなた」としてコメントを返していきましょう。いわば、今のあなたと当時のあなたが、年表に書き込んだ出来事に対して、自分史の原稿上で、何十年ぶりかの対話をしていくことになります。コメントを付けたり返したりするうちに、忘れていたことを思い出したり、「ああ、あのことにはこういう意味があったのか」という、今現在の自分だからこそわかる発見があります。

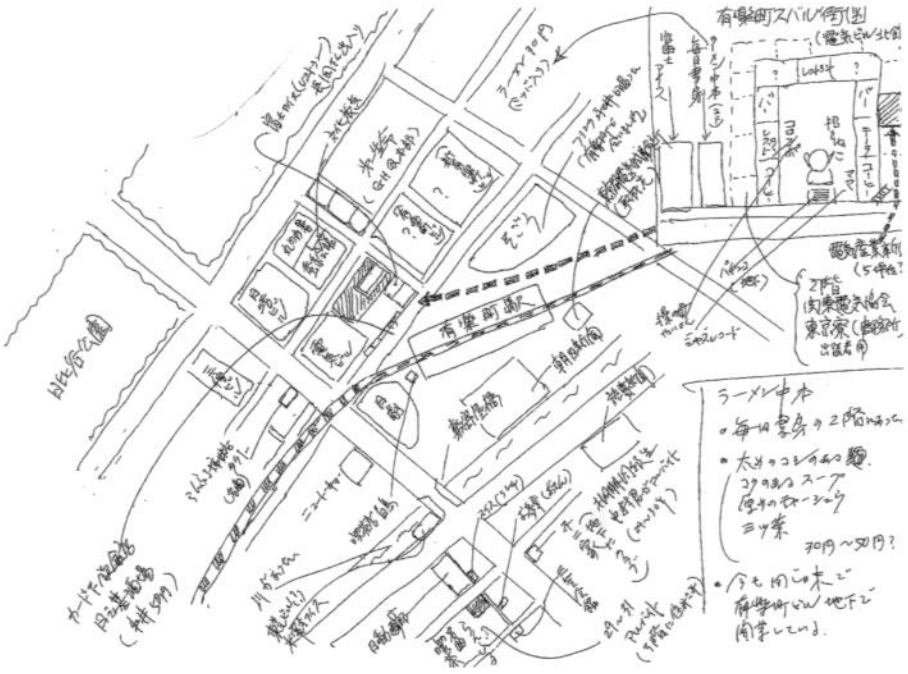

コツ15 白地図に思い出の地を書き込む

過去の記憶を鮮明に呼び戻す手法として、「マッピング自分史」（前田義寛）という手法があります。自分にとって縁の深い地域の地図を、記憶を頼りに書き込んでつくっていくのです。印象深ければ深いほど、精密な地図ができあがります。書き込めば書き込むほど、当時のことがよみがえってきます。古い記憶を呼び戻し、昔の活動拠点や行動範囲をイメージしてみます。はっきりと風景や地点を思い出せなくても、少なくともうっすらとは思い起こせるはずです。一つ書き込むと芋づる式にいろんなコトがよみがえってくるから不思議です。

これをきっかけとして、思い出の場所巡りも楽しいものです。せっかくですから、昔の活動拠点を思い切って訪ねてみませんか。十年前、二十年前の場所なら、歳月は大きくその風景を変えているはずです。変わりきった風景を見ることで気付くことが多いのです。もし、変わった風景の中にちっとも変わっていないモノを見つけたら大収穫です！

区画整理されてしまい、今の白地図では昔のようすと大違いだという場合は、古地図（昔の地図）が役立ちます。地図の総本山といえば国土地理院。ここには旧版地図のデータが揃っています。昭和・平成時代ならほぼ揃っています。自分の活動していた時代の地図を持っていると忘れかけていた記憶が鮮明に戻ってくるはずです。

コツ16

縁ある人たちの相関図をつくる

自分の人生を綴ることになる自分史ですから、テーマや切り口はどうであれ「人」が重要であることは間違いありません。

できるだけ大きな紙に時代ごとに思い出される人の名前を書き込んでみましょう。その人につながる人の名前を回りに書き足していきましょう。このときは自分との関係の深い浅いを気にせず、思い浮かんだ名前を書き出していくようにします。大きな紙がすぐにいっぱいになるかもしれません。書き足せなくなったら、別の紙に書き足せばよいのです。

一通り書き込んでみたら、なんと多くの人々とあなたが触れあってきたかがよくわかります。今のあなたが存在するために、こんなにも多くの人との関わりがあることに気付かされることでしょう。誰が欠けても成立しなかったことでしょう。一人ひとりにエピソードが思い浮かんでくることと思います。時代ごとに大きな存在であるキーパーソンがいるに違いありません。せっかく書くなら、それぞれの時代のキーパーソンとなる人の話も聞いてみたいものです。意外な記憶違いや忘れてしまっていたエピソードが見つかることが期待されますから。

今も交流のある方なら、「ちょっと会おうよ」とその人にあって話を聞いてみませんか。電話一本、メール一通で意義ある取材ができることでしょう。そして共通の話題を回想する貴重な時間が持てることでしょう。

ちょっと途切れがちあるいは年賀状だけのつきあいになってしまっていたら…。小学校卒業以来の幼なじみや夏休みに泊まりに行っていた従兄弟などに、突然「久しぶり！」という電話をしても警戒されることがほとんどです。「自分史を書いているんだ、ついては時代ごとのキーパーソンに思い出話を聞きたいと思って」のように正直に再会したい用件を伝えましょう。

「私」を中心に人間関係を書き出す

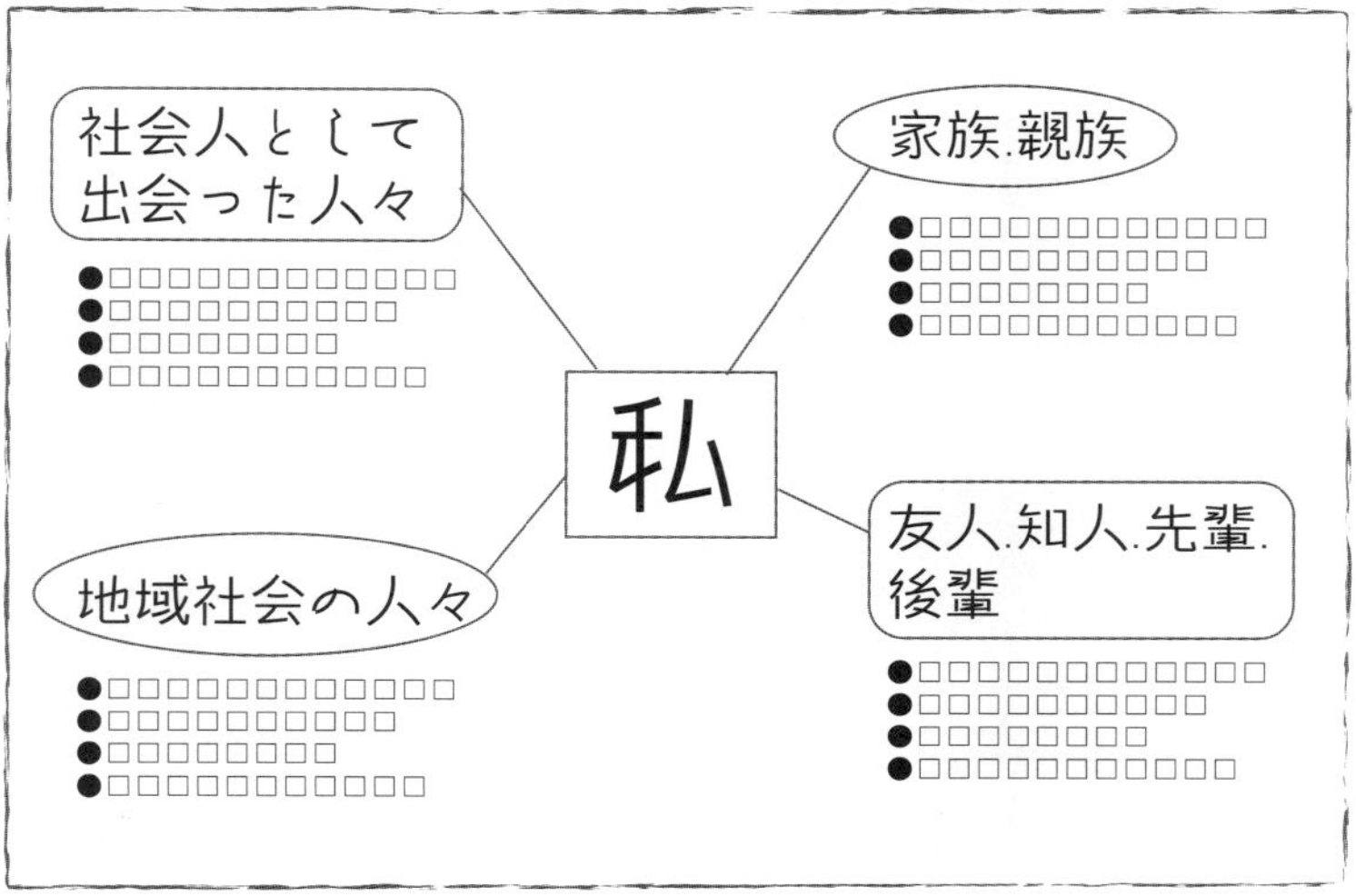

人間関係図

コツ17 「秘密」のなかに自分史はある

「それは、ヒ・ミ・ツ」なんていうようなことを人から言われたら、おそらく気になって気になってしょうがないはずです。秘密とは、いつの世も誰にとっても刺激的なものです。

誰も知らないことだけどあなたは知っていることはありませんか？　なぜあなたはそれを知っているのですか？　あなた以外にそれを知っている人がいるとすれば誰ですか？　あなたはなぜそれを公言せずに秘密のままにしていたのですか？

関係者の誰もが知っているのに秘密扱いされていることはありませんか？　なぜ公然の秘密になっているのでしょうか？　その理由は？　その公然の秘密を知らない人はどんな人たちですか？　知っている人と知らない人はどこで線引きされますか？

自分史では、「自分の秘密」をはじめて明かすことがあります。また反対に「第三者の秘密」に接近することもあるでしょう。もちろん、個人の秘密は尊重すべきですが、あえて「秘密」の扉を開くことで、自分史はぐーんと魅力ある読物となるはずです。

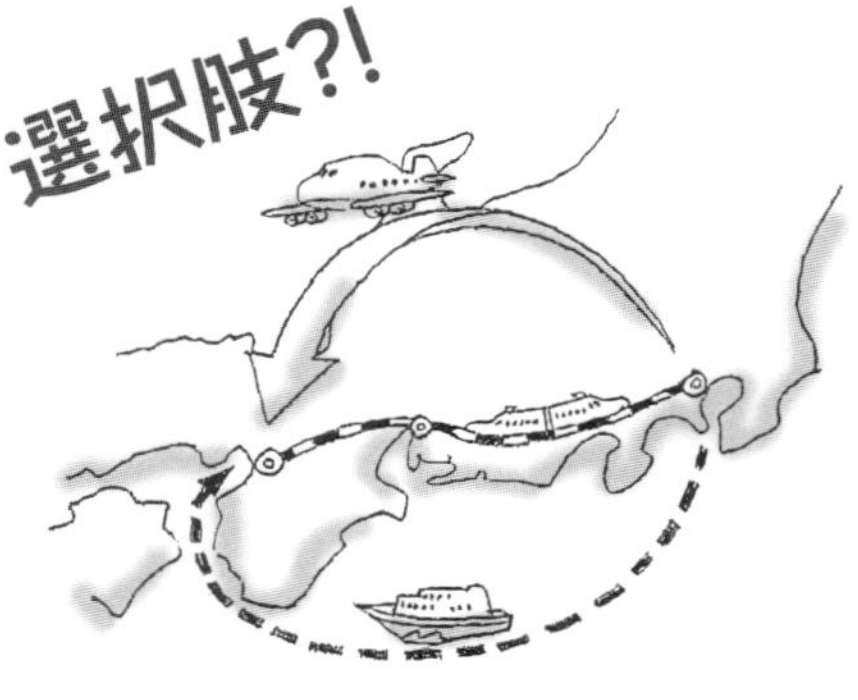

コツ18 平凡な決断や退屈なエピソードというものはあり得ない

読み手が楽しい自分史にするには、「おおっといわせるテーマじゃないとなー」と気構える必要はありません。平凡、無難、陳腐。恐れることはありません。「それだけでは面白みのない自分史になってしまう」と心配になるかもしれませんが、それは杞憂です。

平凡なテーマに見えてもあなたの体験は世界に一つだけのことです。読み手にとっては予測がつかない思い出、びっくりするエピソードかもしれませんん。あなたにとってはよくある平凡な出来事でも、一般には知られていない極秘情報ということもあるはずです。あなたにとっては当たり前でも、読み手にとっては意外なことということはよくあることなのです。

例えば、東京から大阪への道のりを考えてみてください。あなただったらどんな手段で行きますか?

新幹線?飛行機?高速バス?あるいはマイカーでドライブ?いろんな選択肢があります。マイカーでドライブする場合は、さらに選択肢が広がります。どのくらいの時間をかけるかにもよるでしょう。できるだけ早く着くようにするのか、せっかくだから名所巡りを兼ねてみるのか、等々など。状況が違えば、「必然的な道のり」が人それぞれに異なってくることでしょう。ある人にとっての「当たり前」は、別の人にとって「必然的な選択」とはならないのです。

人生もこれと同じです。これまでの半生で、数え切れない岐路に立ったことと思います。あなたの選んだ道や判断は、その時の必然だったり、他に選びようがなかったはずです。「誰もが選ぶ当たり前の選択だったかもしれない」というのは、あなただけが思っていることなのです。その選択はちっとも平凡ではないのです。どんな状況にあったのか、ほかにどんな選択肢があったのか、どんな影響が予想されたのか、結果はどうだったのか、これらをきちんと伝えられれば、それがちっとも「ありきたりな出来事」でないことが読み手にわかってもらえるのです。

コツ19

テーマはピンポイントに絞り込む

自分史で書きたいテーマ（題材）が決まったら、すいすいと文章が書いていけるものです。テーマが決まっているのに筆が進まないとすれば、そのテーマが広過ぎたり、あいまいだったり、つまり、あなたの人生において、それほど重要なものではなかったということが原因です。

自分史のテーマはピンポイントに絞ります。「そこまで絞り過ぎたら書けないかも」と不安になるくらい絞り込みます。すると驚いたことに筆がすいすい進むはずです。少々話が脱線しても、ピンポイントに絞ったテーマであれば、ぶれるということもありません。

例えば、「わが家に初めて電話が引けたこと」をテーマにするなら、「わが家に初めてかかってきた電話」と「わが家で初めて電話をかけた人」の二テーマに分けて書いてみましょう。できれば、その電話の内容を思い出し、自分史の上でそのことの意味を書けばいいのです。

コツ20 読み手に読む楽しみを。書き手はつくる楽しみを堪能するのが自分史づくり

あなたが長年温めてきた自分史のテーマがあったとします。ようやく、そのテーマにふさわしい題材が見つかったとします。「よーし、気合いを入れて力作を書くぞっ！」という気分になります。

でも、ちょっと待ってください。あなたの言いたいことや伝えたいことは、みんなが知りたいことや聞きたいことに落とし込まれていますか？　みん

なからは読む気を起こさせないような話題ではありませんか?

もしも、読み手の興味をそそりそうにないテーマの場合は題材を工夫するのです。テーマも題材も興味を引きそうにないのなら、文章力でカバーしましょう。本書にはカバーするための文章テクニックも満載しています。

誰も読んでくれない自分史というものも存在します。みんなが知りたいことは何かということをまったく考慮せず、「書きたい」と思ったことを書き手が書いた自分のための自分史です。いわゆる「つくったとき」は自分が楽しい。つくったあとも自分だけが楽しい」自分史です。これがけっこう多いのです。もちろん、あなたの自分史ですから何を書くのかはあなたの気持ちが最優先です。取り上げるテーマによっては、みんながさほど興味を持ってくれそうにないこともあるでしょう。

実際に自分史を書き上げた方々にいちばん満足したことをお聞きすると、書くためにどれだけのパワーを投入したか、よみがえった思い出にもう一度ワクワクしたことだそうです。自分史づくりにおいて、書き手の楽しみは「つくること」です。自分史づくりにおいて、書き手の楽しみは「つくること」です。つくる楽しみを最優先で自分史を書いていきましょう。でもせっかく書くのなら、可能な範囲で「読み手の楽しみ」も考慮した自分史にしてみませんか。書きたいエピソードや意見を、読み手に媚びて差し替えることはありませんが、「どう表現するか」「どこまで踏み込むか」は読み手の気持ちを配慮して考えてみませんか。

「つくるときは自分が楽しい。つくったあとは読み手が楽しい」そんな自分史をつくるには、読み手の興味をかき立てるように細工や仕掛けや工夫を凝らしてみましょう。

コツ21 ホントのことなら何を書いてもよいわけではない

人間関係でよくトラブルを起こす人がいます。揉め事の発端を聞くと「ホントのことを言っただけ！」という場合が大多数です。そのとおりです。言わなくてもよいことや言ってはいけないことを言っただけなのです。言わなければよかっただけのことなのです。

文章の場合はさらに深刻です。記録に残るからです。あなたが文章にしてまとめるということは、誰かがその文章を読むということです。せっかくつくる自分史です。人に読んでもらってなんぼの自分史です。それを読んだ人がどう思うかを想像しながら、企画を練るようにします。はじめに書いたように自分史はあくまでも自己責任です。何を書いても、その責任を負うのは自分です。しかし、自分史を書いたことで、他人を不幸にしたり、悲しませたりすることは避けたいものです。

読んだ人が、共感してくれたり、楽しんでくれるような自分史を書いたり本にすることを、自分で楽しみたいものです。そのためには、ホントのことなら何を書いてもいいということにはならないのです。

コツ22 まず、プロットを書こう

作文のうまい人と下手な人の決定的な差はどこにあるのかというと。それは構想して書くか、いきなり書き始めるかにあります。

例えば、一時間で作文を書くとします。作文の下手な人は、すぐ書き始めます。一行書いてはペンを止め、次に何を書くかを考えます。これを繰り返しますが、既定の半分もいかずに筆が止まります。残り時間が十分くらいになって、ひたすら原稿用紙に文字を埋めていきます。

作文の上手な人は、ペンを置いて考え始めます。少し経つと下書き用紙を裏返して、なにやら書き始めます。キーワードを書いたり、それに※印を付けたり、バッテンを付けたりします。キーワードどうしを線で結んだりもします。やがて下書き用紙をもとに裏返して目次のようなモノを書き始めます。箇条書きで何を書くかをまとめていきます。三十分くらい経過して、ようやく原稿用紙に書き始めます。いったん書き始めるとペンが止まることはありません。下書き用紙の箇条書きを見ながら、一気に書き上げます。おそらく時間は十五分くらい残っています。五分ほど一休みして頭からもう一度読み返し、誤字脱字を訂正していきます。作文の上手な人は何を書くかという構想とシミュレーションに持ち時間の半分近くを費やすのです。

この構想とシミュレーションの結果、何をどの順番でどのように書くかをまとめたモノをプロット（筋書きといってもよいでしょう）といいます。原稿執筆に取りかかる前に、プロットをきちんと書くようにしましょう。

コツ23　読み手を意識して書くということは？

読み物として価値ある自分史にするためには、書き手は読み手のことを常に意識しなければなりません。

どんなに論理的な文章あるいは簡潔な文章であっても、その文章が書き手本位で書かれてあれば、読み手の気持ちをまったく無視して書かれていれば、おそらく、誰の興味を引くこともなく置き捨てられてしまうでしょう。あるいはうんざりしながら読み終えることでしょう。心地よい論理性や簡潔性とは、読み手によって異なります。ある読み手にとっては多少の論理の飛躍は、何の苦もなく理解できたり、また別の読み手は少々込み入った文章でもきちんと理解してくれたりもするのです。あなたが読んでほしいと思っている読み手が興味を持つのはどんなことなのか、という検討が必要なのです。

まず、読み手を具体的にイメージしてみましょう。あなたが今書こうとしている自分史は、どんな人に読んでほしいと思っていますか？　その人をイメージしてみてください。できるだけ具体的にイメージしてみてください。

その人とあなたにはどんな共通点がありますか？　それをイメージしてください。その人に自分史のテーマへの思いや背景事情を説明してみましょう。共有している事象を説明する場合と共有していない事象を説明する場合は、書く中身が違ってくるはずです。きちんと使い分けられていますか？

読み手を具体的にイメージできたら、具体的には何を書きましょうか？

初対面の人と話をするとき、共通点が見つかるとほっとします。親近感もわいてきます。これは自分史の原稿づくりにもいえることです。読み手と書き手である自分との共通点は何かを考えてみましょう。文章の書き出しや新しい話題に入るときに、読み手が共感するようなことを切り口にできないか？

これを「つかみ」として書きましょう。「つかみ」が決まれば、あとはその展開です。興味を持って読んでもらうために、読み手の論点を軸に展開するように書いていきます。読み手の土俵の上で相撲を取るように書くのです。一文ごとに読み手の反応を想像するのです。その反応に答える形で次の文章を書くのです。

この繰り返しが、最後まで読み手をぐいぐい引っ張る文章となっていくのです。対面で話をするときは自分の土俵で相撲を取るように話を進めることも可能です。しかし、文章の場合は、自分の得意な論点でとうとうと持論を展開しても、ポイと放り出される可能性が高くなるだけなのです。会話は双方向のコミュニケーションですが、文章を読むということは、書き手から読み手への一方通行のコミュニケーションだからです。

あらゆる文章作成の基本でもある「読み手を意識して書く」とは、読み手を具体的にイメージする、そして読み手と書き手の共通点を冒頭に持ってくる、読み手の論点や価値観に合わせて持論を展開する、ということです。これができていれば、あなたの書いた自分史を読み終わったときに読み手はあなたの理解者になっているはずです。いっしょになって自分史の完成を喜んでくれるでしょう。

著者や作者は書き手です。読み手と書き手。なんだか身近になった気がしませんか？　自分史づくりは肩肘張ってやるものじゃありません。書き手と読み手のキャッチボールなのです。

コツ24 「起承転結」の呪縛を解き放そう

文章の構造とは、文章の構成はいかにあるべきか、というと半数以上の方が思い浮かべるのが、「起承転結」ではないでしょうか。起承転結になっているかどうかが文章を書く上で基本的な要件であると思っている人は多いようです。実際、作文教室では「起承転結で話をまとめましょう」と解説していることがほとんどです。でも、これは間違いです。

起承転結というのは、律詩の定型パターンであり、それ以上のものではありません。お話として、起承転結にまとまっていると、それはある種の安定感があるというだけのことです。

「自分史の原稿に起承転結は出番なし」

今日から、このように覚えてください！　起承転結文はオススメの文章構造ではありません。起承転結で書こうなんて思わないことをオススメします。ただし「たまたま起承転結の型になっちゃったよー」というのはアリです。それ以上のものではありません。

もちろん、起承転結文が安定感のある原稿になることは否定できません。起承転結文にもその、作り方にコツがあるのです。起承転結の例として有名

なものに、

京の三条の糸屋の娘
姉は十六妹十四
諸国大名は弓矢で殺す
糸屋の娘は目で殺す

というものがあります。これがどのようにつくられていったのかを分析してみましょう。言いたいこと（結）は、「糸屋の娘は姉妹ともカワイイ」ということですね。見つめられたらもうイチコロになったのでしょう。

かわいいなと思っていると、それはつまり「見つめられたらドキドキする」ということを作者は思いつきました。少女の愛らしさや可愛らしさをより強調するには、それとは対極的な表現を「転」に持ってくると効果的です。糸屋の娘さんの対極のイメージは、「殺伐」でしょうか。「殺す」、「威圧する」といえば、軍人です。江戸時代でいえば武士です。武士の頂点といえば、お殿様。「殿様」と「殺す」はつながりが悪いですから、大名としましょうか。一般的にみんな大名は同じだということにしたいので「諸国大名」です。

「転」では怖い存在の諸国大名。怖い、殺されるかも。「結」ではイチコロになる位かわいい娘さん。目が合っただけでイチコロ！「目で殺される」

これでいこう、作者はそう思ったに違いありません。

糸屋の娘さん、どこの娘さんだ？　これが「起」になります。「京の三条の糸屋の娘」にすると単語が三音五音四音三音とつながり、リズムもいい感じです。

「結」が容姿なので、「承」としては容姿以外の客観的データとが求められます。年齢が適切です。十六歳と十四歳となります。

こうしてできたのです。

どうでしょう、何か気付きませんか！　起承転結は、書く順に考えるのではないのです。結（オチ）つまり最も言いたいことを決めて、それに対極的な「転」を考えるのです。転が効果的であるためにその前振りとして、起と承を考えるのです。起承転結のテクニックで、作文に応用できるのは、この「文章の構成を考えるには頭から考える必要はない」ということだけです。「できあがった原稿の構成や並びは、その原稿の構成を考えていく順序はまったく違う」ということだけです。

コツ25　昔話『桃太郎』の構成は使える！

昔話としては日本でいちばん有名かもしれない『桃太郎』は、実によくできた物語です。筋は典型的な起承転結になっています。

起：印象的なエピソード（川から桃が）で主人公の紹介
承：目標の設定：鬼退治
転：仲間集め：犬、猿、雉との出会い
結：目標達成：鬼ヶ島から宝物を抱えて凱旋

でも桃太郎がお手本になるのは、筋の展開ではありません。起承転結は忘れるべきコトですから。ここで注目したいのは、主な登場人物です。桃太郎と彼を支える家来たちです。主人公とそれを支える三つの存在です。

自分史の主人公はもちろん書き手であるあなた。ではエピソードを描くのに、何人登場させるのか、ここで桃太郎をお手本にするのです。実際の出来事を忠実に再現すると登場人物は増え続けていきます。何十人も登場していくことになります。それでは、読み手はついてこられません。そこで主な登場人物を、あなたの他に三人計四人に絞るのです。人間ではなく動物の場合も一つと数えます。重要な小道具の場合もあります。これを含めて四つの存在でエピソードを語るのです。

たとえば結婚のエピソードを綴るとき。実際の状況を思い起こせば、登場人物は何人にのぼるでしょう。お見合いの場合は、奥様（またはご主人）にそれぞれのご両親、仲人はもちろん、そもそもの話を持ちかけてくれた方も登場人物としては欠かせないでしょう。

これだけで十人ほどになります。多すぎる登場人物は焦点をぼかしてしまいます。

このとき、この桃太郎のコツを応用するのです。察しの悪い上司が仲人だったとすれば、クライマックスは、仲人の依頼になることでしょう。このとき登場人物はあなた方ご夫婦と上司ご夫婦の四人だけで事足りるのです。この四人に収まらない結婚エピソードは、四人の会話の中で記述することで登場人物を抑えることができます。

余談ですが、桃太郎は志、猿は智、雉は勇、犬は仁（優しさ、親愛）を表します。一つの主と三つの補完には、このようにバランスの取れた存在であるものであることもポイントです。この役割分担は普遍的なもので、あの『オズの魔法使い』も同じです。主人公はドロシー、知恵がほしい案山子、心がほしいブリキのロボット、勇気がほしいライオンとなっています。

コツ26 自分史の構成を型にはめてカスタマイズする

読み手が楽しい自分史にするためには、面白いとされる基本形を踏まえた記事構成にするのがオススメです。この基本形にちょっと手を加えるだけで、あなたのオリジナル原稿としての自分史ができあがります。

次ページに示した「自分史の構成例」を見てください。

サクセスストーリー（成功物語）の場合は、時系列をあえて崩して、いちばんのクライマックスである目標達成シーンを冒頭に持ってきています。どんな目標を達成したのかを説明した後は、第二章でその目標がなぜ設定されたのかを説明します。第三章では、目標を達成することの困難さをアピールし、第四章でいかにその困難を乗り越えたかを示すのです。もし、いっておきたい障壁がいくつもあった場合は、第三章と第四章に当たる部分がもっと増えていくかもしれません。

風土記の例というのは、それぞれの題材が独立している場合です。第一章から第四章への並び方に注目してください。これは転勤族だった方が書く自分史の例です。日本の各地に住んでみて、そこで得られた経験を通して人生を語るそうです。小豆島では醤油が名産であることを、そこで暮らして初めて知りました。読み手に「へーえ」と関心を持ってもらうのです。そこで先頭に持ってきています。次は愉快さを知ってもらうために、博多（福岡市）での同僚たちとのふれあいを綴りました。第三章は全体構成の中ではクライマックス的な位置づけです。体験ツアーに参加したことから直々に漁師さんから取材した一本釣りの極意を述べました。最後の第四章はお役立ち情報として、岡山県民が誇りに思っている「西日本の中心地」宣言。著者自身も最初は何のことやらわからなかったことも、岡山は地理的な中心に位置することを説明されて納得、今では飲み会での持ちネタの一つとなっているそうです。それぞれの原稿は独立していますが、この、珍しさ、愉快さ、感動、お役立ち情報（みんなの知らない情報）に並べるのが最も、興味を持ってもらえる順番です。

うんちくモノの例として街の写真屋さんが書く自分史の構成をあげました。著者は代々の写真館のご主人。まずはその自己紹介として序章で整理しています。これからどんなうんちくが始まるのかを読み手にわかってもらうのです。第一章では、「撮影テクニック」を自分史のテーマにしたことの説明です。著者の環境を時代背景とともにまとめます。第二章と第三章は本題の撮影テクニックの紹介。第二章では親御さんから基本をたたき込まれた頃のエピソードを、第三章では実家の写真館でなく、よその写真館で働いていたときのエピソードを撮影テクニックに織り交ぜながら書くそうです。第四章では失敗談をまとめます。長く取り組んでいれば、その道の達人になる家庭で多かれ少なかれ失敗はつきものです。失敗談をまとめることで、とかく自慢話めいてくるうんちくモノに彩りが添えられるのです。第五章はまとめの章です。著者は写真撮影を愛しています。家族で写真を撮ることに大きな意味を感じています。その思いは著者の写真屋さんとしての矜持につながっているのです。

いかがでしょうか。あなたが今書こうとしている自分史は、この三タイプのどれかに当てはまると思います。そして、ほんの少しだけしっくり来ない部分もあると思います。その部分を自分らしくちょっと手直しするのです。
それがあなたのオリジナリティとなり得るのです。

自分史の構成例

サクセスストリーの例

第一章：新製品開発に成功（目標達成シーン）
第二章：開発チームの発足（目標設定シーン）
第三章：試作品のトラブル（障害の存在）
第四章：飲み会での一言による逆転の発想
（障害克服）

風土記の例

第一章：小豆島と醤油（珍しさから）
第二章：博多は、よかばい（愉快さから）
第三章：土佐の一本釣り体験（感動から）
第四章：岡山は西日本の中心地
（お役立ちさから）

うんちくモノの例

序　章：我が家は街の写真屋さん
第一章：三代目はつらいよ
（テーマとして取り上げた理由）
第二章：師匠は親父（解説初級編）
第三章：写真屋武者修行（解説上級編）
第四章：「ハイ、チーズ」思い出集（失敗談）
第四章：家族写真を五十年（メリットの紹介）

コツ27 視点をぶらさない

物事や現象を分析するときの視点には二種類あります。相撲に例えるなら行司の視点と相撲取りの視点です。

行司の視点では、審判として現象を分析、**客観的**に評価します。相撲取りの視点では、当事者として現象に対峙します。客観性は必要なく、むしろ**主観的**に向かい合うことで、切実な分析が可能になります。

両者の視点はまったく相容れないものです。それほど異なる視点です。ところが原稿を書いていくと、この二つの視点が入れ混ざってしまうことがあります。そうして書き上げた原稿はツッコミや掘り下げが中途半端になり、ぼやけてしまいます。プロットを立てるときや実際に原稿を書くときは、どちらの視点で書いているのかを意識するようにします。これがあいまいだと、視点がぶれてしまい説得力に欠ける自分史になってしまいます。

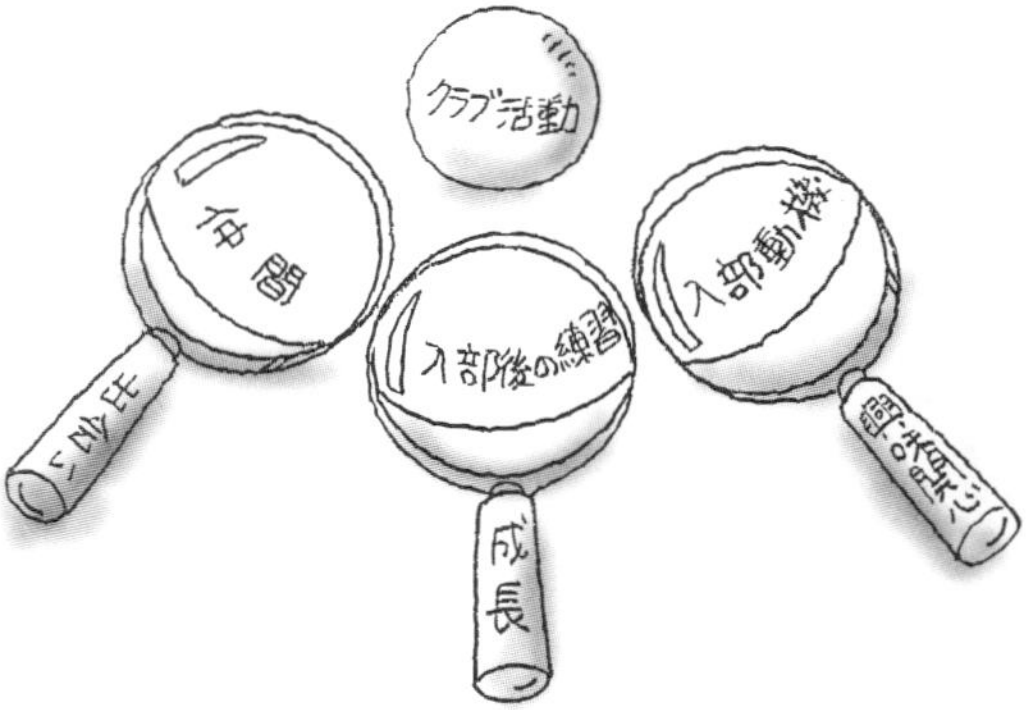

コツ28 自分史の切り口とは何か

同じ題材でも、主張したいことが違えば切り口が変わります。逆にいえば、切り口を間違えると言いたいことが正しく伝わらなくなります。

例えば、学生時代のクラブ活動のことを書くとします。あなたの興味関心をテーマにするなら入部動機が中心になるでしょう。成長をテーマにするなら、入部後の練習や成果が中心になるでしょう。出会いがテーマなら、仲間の話が中心になるはずです。

サラリーマン時代のことを書くとします。ある新商品の開発に際して、技術開発部門、営業部門や市場開発部のどこに所属していたかによって、新商品とのかかわり方やその時の苦労話がちがうはずです。どの視点から、そのときの経験を書くかが切り口です。

地域社会でのボランティア活動のことを書くとします。サラリーマン時代はまるで無縁だった地域社会に入っていくことのむつかしさ、その反面、出会った人との新しい人間関係での発見、地域振興や発展のための意見など、書く切り口はいろいろあるはずです。

コツ29 自分史に脚色はどこまで許されるのか

だいたい覚えているのだけれど、具体的に細かい部分となると覚えていない…。人間の記憶なんてそんなものです。

例えば、転職者が入社してきて、席が隣になったのをきっかけに仲良くなったことは覚えているけど、最初の会話の内容は覚えていないとか。そのときのようすを生き生きと表現するには、どうしても会話文を入れたいところです。

そんなときは当時の状況をできるだけ思い出して、きっとこんな会話をしたに違いないということを書いてよいのです。あなたの思い出の中での「真実」なのですから。出来事としての事実は一つしかありません。真実は人の心の数だけあるのです。

もちろん、ウソと脚色はまったく違います。同業者組合野球大会で参加賞をもらっただけなのに、「優勝した」というようなことは、脚色でなくウソです。こういうのはよくありません。

コツ30

自分しか知らない話をどう書くか

自分史ですから、ほとんどのエピソードは書き手であるあなたしか知らないはずです。読み手に興味を持って読んでもらうためには、客観性が必要になります。そのエピソードを読み手が分かるように補足説明を書き足します。エピソードを綴ることに加えて、その解説（出来事の経緯の説明など）という視点の原稿を追加すれば、文章に客観性を持たせることができるのです。

解説を付加するということは、具体的にどう考えればよいのか？ヒントは「会話」です。第三者と、その内輪ネタを理解できる人との会話を想像してみてください。第三者として好奇心旺盛な人をイメージしてください。そして、二人の会話を原稿にしてみてください。あなたが書こうとする原稿が、会話文を挿入することで生き生きとしてくるのです。

「会話文ではちょっとなー」という場合も、この手順は有効です。会話文を下書きとして、新たに原稿を書いていけばよいのです。ポイントは、「会話文を書き直すのではない」ということです。

会話文は元ネタです。新たに原稿を書き起こしてみましょう。

コツ31 知っていることを全部書かない ボツの数だけ質が良くなる

自分史を書いていく上で、構成を検討するときにどれだけの題材をボツにするかが、そのまま自分史の質の向上につながります。原稿を書くという段階でも、知っていることを全部書かないようにするとその原稿の質が上がります。

ある事柄を書くときに、その事柄に関連する情報をできるだけたくさん集めようとしますが、集めた情報の多くは不要なものであることが多いのです。つまり、「ちなみに」や「さらに」、「これに付随して」、「余談だが」といった言葉に続く文（情報）はほとんどの場合、要らない情報です。書き手にとっては面白いですが、読み手にとっては脱線した話であり、読む気を減少させる要因でしかありません。

左党の方ならご存じでしょう、吟醸酒。大吟醸と呼ばれる日本酒は、お米を半分以上削って中心部のみからつくられています。自分史だって同じです。少なくとも集めたネタの三割はボツにしましょう。もしも集めたネタを七割削ったとすれば、書き上がった原稿はあなたの最高傑作になることでしょう。

しかし、中にはホントに必要な情報が含まれている場合もあります。そのときは見出しを別に立ててその題材を中心に記述するようにします。

第4章

執筆する

コツ32

「書く」という作業は三つの工程から成り立っている

書く。この二文字には三つの工程が含まれています。これから書こうとする自分史のようにしっかりとした文章はもちろん、ふだん何気なく出すメールにも実はこの三つの工程を踏まえているのです。

それは、「構想」、「執筆」、「推敲（洗練）」です。

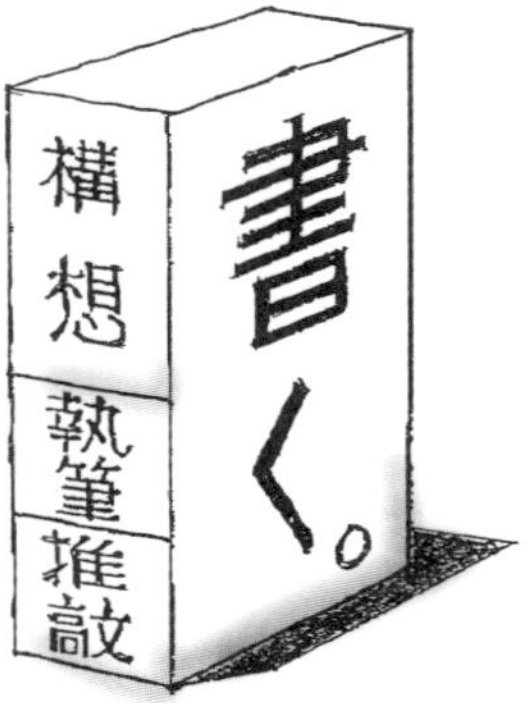

構想

本書第二章で詳しく解説したとおり、プロットを立てる工程です。何をどの順番でどのように書くかを、実際に書く前にはっきりさせる工程です。前述したように、全体として書くという作業の半分近くをこの工程に費やすことをオススメします。

執筆

プロットで明確にした書きたいことを頭の中から引き出して原稿用紙に文字化・文章化する作業です。本章では、この執筆工程を極限まで分析したうえで、ぜひとも身に付けていただきたいコツを解説していきます。

推敲（洗練）

書き上げた原稿を読み手が読みやすく、読んで楽しくなるような質の高い内容にすることです。文章を書いたあとで何回も読み直し、練りあげることです。自分史を書く作業では、この工程でも頭を使わなければなりません。

「メールを書くときは、そんなに手間暇かけていない」と言う方もいるかもしれません。

でも、実際には何をどのように書くかを考えているのです。短い文章の場合は瞬時に決断を下せるので、気付かないだけです。

コツ33 「執筆」工程は肉体労働である 書くときは頭を使うな

さて、「書く」という作業の中の「執筆」工程。構想工程や洗練工程とは気持ちを切り替えて行います。頭を使ってはいけないのです。執筆作業とは肉体労働なのです。

自分史を書こうとするとけっこうな分量の文字を書くことになります。四

百字詰め原稿用紙にして二百～三百枚くらい書くこともあるはずです。実は自分史づくりを志し半ばで断念する人のほとんどが、この原稿執筆段階で挫折するのです。

これを打破するためには、執筆作業を肉体労働つまり頭を使わない作業にするのです。頭の中にある「書きたいこと」を文字化・文章化する作業を機械的に進めることで、執筆工程を完遂するのです。そうすれば挫折すること なく、二百～三百枚の原稿が出来上がります。出来上がったといっても下書きレベルの原稿なのですが、「三百枚書いた！」という実績と実物があればゴールは見えたようなものです。

そのために、構想工程に全体の半分近く費やします。考えながら書く必要がないようにするのです。執筆工程前に、何をどの順番でどのように書くかを明確にしておけば、何も考えずに原稿を書くことができます。

考えずに頭を使わずに書き進めるのですから、うまい表現にはなり得ません。誤字脱字もあるでしょう。論理の飛躍もあるかもしれません。それでかまわないのです。資料不足で書けないことがわかれば、あとで書くことにして先に進んでいけばよいのです。「頭は使わない」のですから。そのために、執筆工程の後ろに洗練工程が控えているのですから。

このように「書く」という作業を三工程に分割し、執筆は肉体作業と割り切ることで、原稿用紙三百枚の分量も難なく書き上げることが可能になるのです。

コツ34 長い文章は怖くない

よほど書き慣れた人でない限り、これから長い文章を書かなければいけないとなれば、気が重くなるのは当然です。不安になることもあるかもしれません。しかし実際のところ、恐れることはないのです。長いといっても、結局は短い文章の積み重ねなのです。

きちんとプロットができていればその内容に基づいて、それぞれの項の記載事項を文字化・文章化するだけです。言いたいことを一つずつ文章化していきます。八十字の文を三つ書けば一つの段落ができます。段落が四〜八つもあれば一つの原稿はできあがります。もうそれだけで、原稿用紙二〜五枚の原稿の完成です。

実際に自分史を書き進めていく場合、書き手の条件にもよりますが、短期間に一気呵成に書き上げる人もあれば、時間をかけて一年がかり、二年がかりで書く人もいます。後者の場合は、短い文章の積み重ねとなります。どちらにせよ、自分史は長い文章を書くことになるわけです。恐れていてははじまりません。

コツ35

文章のクセはあなたの個性

「文章を読んだだけで、これは○○さんが書いたな」ということがありませんか? 例えば『居眠り磐音』シリーズ(佐伯泰英著)と『剣客商売』シリーズ(池波正太郎著)は、ほぼ同時期の江戸時代を舞台にしています。登場人物が出てこない風景描写の部分を読んでみれば、これはどっちのシリーズということがわかります。著者の文体が異なるからです。文体というものは、プロの作家だけがかもし出すものではありません。誰もが持っているものなのです。

文章を書くとき、あなたはどんなことを考えますか? 結論を先に述べたい!という人は結論を先に書きましょう。状況を分析して、理由を述べていくことで相手の気持ちをこちらに引き寄せ、結論に入りたいという人は、それでよいのです。必ず説得したい場合はこちらの方が効果的ですから。

肝心なのは、その人なりに身体がなじんだやり方で原稿を書いていくということです(執筆は肉体労働!)。本書でもいくつかの原稿の書き方を披露していますが、なかには相性の悪い技法もあるかもしれません。自分のスタイルに合わない方法で執筆を続けても、説得力のない記事になってしまいます。他人は他人、自分は自分。書き方も構成も内容も、いろんなやり方があることを知ったうえで、自分と最も相性の良いやり方で書くようにします。

コツ36 縦書きと横書きはどっちが読みやすいのか？

日本語とはそもそも縦書きの文化です。欧米文を横文字ともいうように横書きは欧米文化です。

日本語に対する馴れからいえば、縦書きです。縦書きで表記するというのが一般的です。一冊の本くらいの分量のある文章を読むには、横書きではちょっと苦労します。ビジネス文書や自然科学系の専門書は横書きの場合が多いのですが、読破するのが難しいのは、内容が難しいこともありますが、読みづらいのもまた事実なのです。

では、横書きはダメなのかというとそうでもないのです。原稿用紙一枚とか二枚くらいの原稿の場合は横書きであっても苦になりません。もし、これからあなたが書こうとしている自分史の一つの原稿が半ページくらいで完結する、独立性の高い記事をまとめたものなら、横書きもアリということになります。

なお、これは仕上がりの体裁です。パソコンで原稿を書いているときは横書きにします。縦書きにすると、パソコンの動作が遅くなります。

手書き原稿の場合は別の事情により、横書きをオススメします。そのほうが他の人が読みとりやすいのです。というのは、日本文字は縦書きで書くようになっており、縦書きで文字を書くと、文字と文字をつなぎがちになります。草書を思い出してください。文字と文字がつながっています。達筆であっても読みにくいです。下手な文字が続くとなると、これはもう目も当てられません。よほどその人の直筆の文章に馴れた人でないと読み取れません。というわけで、識別性という観点からも、手書き原稿は横書きの原稿用紙を使うことをオススメします。

自分はすごいんだ！
こんなに面白いのを書けるのは私だけ。

コツ37 モチベーションを上げてから書く

何をするにも、やる気が肝心です。自分史を書くにも、やる気が肝心です。気が進まないときには筆も進まないものです。自分史を作る場合、完成までのスケジュールを決めてかかります。予定した期間で完成させようと思うなら、まず、自分自身のモチベーションを上げてから取りかかりましょう。

モチベーションが上がらないときはどうすればよいのでしょうか？ そんなときは自己暗示をかけましょう。「自分はすごいんだ！」「こんな面白い自分史を書けるのは私しかいない！」と。あるいは、「この自分史はよく書けているね、読んでいて退屈しないよ」と褒められるイメージを想像しましょう。読み手を想像して、読み手が微笑んでいるイメージを想像してみます。

このように、モチベーションを十分に上げてから原稿執筆に取りかかりましょう。スポーツにはウォーミングアップや準備運動は欠かせません。自分史づくりも同じなのです。

モチベーションを高める方法の一つに、他人の自分史を読むという方法もあります。ふつう、自分史は書店では販売されていません。友人、知人の書いた自分史を読む、インターネット上で公開されている自分史を検索するなどの方法があります。また、作家や有名人の自伝を読むことも、これから書こうとする自分史へのイメージをふくらませることにつながります。

コツ38

伝わる記事を書くために「なりきって」書く

自分史を書こうとして、その自分史で伝えたい情報は何だろうと考えたことありますか?

それは三つあげられます。それを二つに大別してみました。

・事実や出来事
・事実や出来事への回顧や今の自分への影響

・事実や出来事に対する気持ち（喜怒哀楽）

前者の二つは要領よい文章、わかりやすい文章であることが望まれます。ところが後者の「気持ち」を伝えたいときは、要領よくわかりやすい文書にすれば事足りるというわけにはいかないのです。

手紙のお手本として紹介されるのが野口英世のお母さんの手紙です。「はやくきてくたされ」と繰り返す、あの手紙です。世に出回っている文章読本にも、よく紹介されています。この手紙に書かれている文章はちっともうまいものではありません。かなづかいもおかしなところがあるし、要領も得てないし、論理的でもありません。いわゆる「わかりにくい文章」です。しかし気持ちを伝える文章としてはすばらしく良い出来です。つまり、気持ちを伝えたいときは、わかりやすい文章であることはないということなのです。

たとえば、はじめて部下を持ったときのことを書くときには、そのときの気持ちを思い出しましょう。先輩後輩の間柄だった同僚が、ある日の辞令を境に上司と部下という関係に変わったとき。言葉遣いは変わったでしょうか、変わったのならその具体例を。変わらなかったのなら、変えなかった理由を。上司としての態度や心構えについてあれこれ悩んだことと思います。新米管理職としてはじめて望んだ職制会議はどんな雰囲気でしたか？

リアリティあふれる原稿にするには、当時の気持ちを思い起こすことが肝心です。

プロットを考えていたときには思い出せなかった小さなエピソードが浮か

んでくるかもしれません。自分史ならではの、ひしひしと伝わる表現が浮かぶことでしょう。

何もイメージせずに書いた文章と、なりきって書いた文章を比べてみてください。勢いに違いがあることがわかります。

コツ39 パソコンでの原稿の書き方

パソコンで書く場合と手書きで書く場合の違いは、単にキーボードから入力するか筆記用具で紙に書くかの違いだけだと思ったら、大きな勘違いです。もちろん手書きのときと同じ感覚で、パソコンで書くこともできます。ですが、せっかくですからパソコンならではの書き方で書いていくようにしたいものです。次のように書くのです。

1：見出しをどんどん書いていく。本文を書かずに見出しだけをとりあえず書いていく。

2：すらすら書けそうな部分の本文から書いていく。順番はまったく気にしない。

3：本文を書いていて行き詰まったら思いついたキーワードを書きとめる。文章になっていなくてもかまわない。単語の羅列でもあっても気にしない。

4：書いている途中で記載順（見出しの並び）を変更したくなったら変更する。
5：一通り書き終わったら記載順を再検討する。
6：3で保留にした部分を書き直す。

これがパソコンでの原稿の書き方です。手書きのときとは発想や書き方が変わっています。この書き方、手書きでも同じことを行っているのです。手書きの場合は次の手順で書いているはずです。

1：構想メモを書く。
2：下書きする。
3：草稿を書く。
4：清書する。

このように一つの文章に対して、書くという作業を四回行っていたはずです。「そんなことやってなかったよ」という人は、頭の中で書いていたはずです。もし、この四つの工程を実行せずに書いていた人がいるとすれば、おそらくその人は作文の下手な人です。

幸いにもパソコンの場合は、この四つの工程がちっとも面倒ではありません。パソコンで書く場合はこの四つの工程を頭に入れて習慣づけるようにしましょう。

コツ40 「結論を先に」にとらわれるな

重要なことから書く。言い方を変えれば結論から書く。「良い文章」のお手本です。「５Ｗ１Ｈ」といわれるように新聞記事はこの手法を徹底して書かれています。またビジネス文の基本でもあります。皆さんもビジネスの現場において、報告書や提案書をまとめる際に、上司から「結論を先に。要点を整理して簡潔にまとめなさい」と、体にしみこむほどに言われたことでしょう。あるいは要領を得ない文章を書いてくる部下に対して口を酸っぱくしてやり直しや書き直しを命じたことと思います。

この「結論を先に」という手法は簡潔に情報を伝えることには適していますが、皆さんがこれから書こうとしている自分史にはそぐわない場合があります。

想像してみてください。あなたがこれから書こうとする自分史は、いち早く結論を読み手に伝える必要があるでしょうか。忙しい上司が即決できるように、Ａ４の用紙一枚に納めて、場合によっては最後まで読まなくてもポイントをつかめるように整理する必要がある自分史でしょうか。ほとんどの自分史では、そんなことはありません。

あなたがこれから書こうとする自分史は、どの原稿もそれぞれに思いが込められています。大切な思い出が語られていくはずです。まず状況を説明し、あなた自身の感情をあらわにし、あなたなりの決断や行動をリアリティあふれる文章に置き換えていくはずです。

そのような叙情的な趣のある文章には、「結論を先に」などのビジネス文の常識にとらわれる必然性はまったくないのです。

コツ41

書けるところから書くのが自分史

書く順と、読ませる順は別物です。「頭から一気に書いて仕上げる、一発で完成原稿を書く」ということに固執していては自分史は完成しません。

書き出し、つまり読み始めの部分は、かなり大事です。文学賞の予備審査では、書き出しの十枚がグッとくるものでなければ却下の箱に投げ入れられると言われています。商業出版では「最初の三十ページさえ面白ければ、本は売れる」が鉄則です。

というようなことを耳にすると、書き出しに気を遣いたくなります。おいそれと書けなくなってしまいます。慎重になって筆が止まってしまいます。それでは、いつまでたっても自分史は出来上がりません。書く中身は決まっているのに、ピンと来る書き出しか思い浮かばないばかりになかなか書けない。多くの人が経験あるのではないでしょうか。

対策は一つだけあります。

書き出しは最後に書く。頭から書こうなんて思わずに書けるところから書くのです。最後に、「書き出し」を書くのです。そうすれば「書く中身は決まっているのに、ピンと来る書き出しか思い浮かばないばかりになかなか書けない…」なんてことで悩まずにすみます。

マーガレット・ミッチェルは『風と共に去りぬ』の第一章を最後に書いたそうです。書き出しは最後に書くものなのです。

では、書けるところがどこにもないときは？　ヒントは二つあります。
・構想をやり直す。
・題材選びをやり直す。
です。実際、このようにアドバイスすると、ほとんどの方が再び書き進められるようになっています。

コツ42

自分の言葉で書こう

意外と思われるかもしれませんが、執筆工程では辞書を必要以上に活躍させるべきではありません。使うなというのは言い過ぎですが、なるべく辞書を使わずに書いた文章はしっくりとなじんだ表現になるようです。

辞書は知らない言葉を調べるときに使います。では肉体労働である執筆工

程で調べなければわからない言葉を使うということは、どのような状況でしょうか。それは、書き手が身体になじんでいない言葉を使おうとするときです。なじんでないので、意味を確かめずにはいられないのです。なじんでいない言葉を使うと借り物の文章になってしまいます。

「なんだか薄っぺらいな」と思った文章を読んだことはありませんか？「この書き手はわかってないな」、「付け焼き刃の知識でごまかそうとしているな」と思ったことはありませんか。おそらく、その文章は書き手が辞書を引き引き、書いた文章に違いありません。つまり、書くときに辞書を使ったのです。

借り物の言葉を使っているので薄っぺらな文章になるのです。

へたくそな文章を書きたくなければ「辞書は使うな」ということになります。

辞書は、文章を読むときに使うモノなのです。

コツ43 客観的な表現こそ、最も感動を伝えることができる

自分史は客観的に書くのが基本です。この客観性に乏しければ、何ともひとりよがりの自分史になってしまいます。内面からほとばしる感情の起伏を

現すにも客観性や冷静な表現が必要です。この場合の客観性というのは、表現上のことです。この客観性、具体的にどうすればよいのかというと、視点を地上五メートルくらいに置くのです。

例えば、入学試験に受かって、とてもうれしかったとします。感動のあまり言葉が出ないことは現実問題としてありがちです。だからといって「言葉が出ない」といってしまってはその感動は伝わりようがありません。

感動のあまり言葉が出なくなったあなたを、地上五メートルくらいのところからの視線で観察しているつもりになりましょう。地上五メートルくらいのところから見ると、「感動したあなた」は「どんな表情」で「どんな行動」をしていますか？　そのことを表現すると、客観的な表現になるのです。

合格発表は午前九時。その三十分も前から合格掲示板には大勢の人が群がっていた。ぼくがそこへ到着したのは九時を回った頃、人だかりでなかなか見えない。飛び上がったり、しゃがんだり、何とか掲示板の受験番号が見えないかと試して見るも、よく見えない。やがて一人去り、二人去りと人混みが減っていく。ようやく掲示板の前に立つことができた頃は、数人しか残っていなかった。ゆっくり眺める。あった！　ぼくの受験番号〇〇〇四番はしっかりと先頭に書かれていた。指さし確認した。

「合格したんですか」

声がした。人なつこそうな顔をした田舎者、それが丸山君だった。

「うん、一浪した甲斐があったよ」

彼は手を差し出した。人と握手するという習慣はなかったが、思わず、その手を握り返していた。このときの光景が絵になったのだろう。写真が掲載されていた。


いかがでしょうか。読み手もその場に居合わせたかのように伝わってくる文章になりました。

コツ44

マジックナンバー「3」は使える三つの例と三回の繰り返し

三という値はマジックナンバーといわれます。これは文章を書くときにも役立つ数字です。三はわかりやすさを象徴する数字なのです。会議で発言するテクニックに、「三つのポイントと発言する」、というのがあります。頭の中に三つあろうとなかろうと、とにかく「三つのポイントがあります」というのです。三つあるというと、人は安心するのです。

文章も同じです。例を挙げるなら、三つにしましょう。二つでもなく、四つでもなく、三つ。

また三回繰り返すと理解が深くなります。同じことを三度繰り返すのはくどい気がしますが、ある程度の長文であれば目立ちません。

書いた自分史を三回読むことも大切なことです。最後の校正を終えた段階で通読します。そのあと、原稿を一晩寝かせて読み直してみます。一夜の間に、文章は醗酵して、良いところ悪いところが鮮明になっているはずです。悪いところを修正したらもう一晩寝かせ、三回目を読むのです。

コツ45 出来事を説明するには

例えば、あなたが体験したことを誰かに伝えるとします。会話の場合は、あなたがマイペースで話していっても、わからないことがあれば相手は尋ねてくれるので問題ありません。しかし自分史に書く場合にマイペースで書いていっては、きちんと伝わりきれないかもしれません。

体験したことや出来事を伝えるときは次のことを整理して記述します。

・状況や設定
・出来事の描写

出来事だけを伝えても、なぜそんなことをしたのか、そんなことが起こったのかがわからないと理解に苦しむことがあります。だからといって状況説明と描写とがごっちゃになると話がややこしくなります。

・出来事を描写する

・その出来事が起こった状況、きっかけを説明する
・その出来事の波及効果を説明する

これらの情報が錯綜しないように文章化すると、実に流れのよい明晰な文章に仕上がります。

コツ46
引用違反をしないこと

自分史といえども、実際に書く内容は自分の周りに起こった出来事だけとは限りません。「ぜひこれは活用したい」という資料が必ずあることでしょう。とくに社会的な出来事が自分に与えた影響のことを書く場合、その出来事を説明するのに、資料を提示することが説得力・客観性上、どうしても欠かせない場合があります。つまり資料を引用することになるのですが、著作権の侵害にならないように注意しなければなりません。基本はたったの三つです。

・引用元を明記する
・自分の原稿が主、引用文が従
・引用部分を明確にする

主と従の判断は、文字数と意義の両方を満たしていなければいけません。
自分史の場合は、引用元の資料提示が目的になることはまずありませんの

で、文字数の比率に気を付ければよいでしょう。長々と何十行も引用しておいて、「このことは私の生き方を変えた」のような一行がオリジナルの文という原稿は引用違反です。一節の半分以上を引用文で埋めてはいけません。
最も安心なのは「引用しない」ということです。引用元の記載内容を自分の言葉で新たに書き直せばよいのです。そして参考文献として自分史の巻末に著者・書名・発行時期・発行人を記載します。

コツ47 自分史文章完成の三工程

前述したように、自分史の文章作成の作業には次の三つの工程があります。

構成検討

構成検討とは、何をテーマにするのか、何を題材にするのか、どのような順番にするのか。といったことを考えることです。

執筆

執筆とは、下書きを書くことです。この工程ではひたすら書くのです。書くときはスピード重視で書きます。考えに行き詰まったら、空白や伏せ字にして次を書き続けます。書くことを中断しないことです。「空白」（何を書けばいいのかわからない）や「伏せ字」（適切な表現や言葉が見つからない）を埋めることは、仕上げ時に考えればいいのです。

洗練

執筆工程で先送りしたことをはじめとして、下書き原稿をさまざまな観点で見直し、完成原稿に仕上げることを「洗練」といいます。

文章作成は、「構成」、「執筆」のあとの、「洗練」ではじめて完成します。

執筆段階では、とくにこのことを念頭に置いて書いていくようにします。そうすれば、「なんかうまい表現ができないな」とか、「あれっ、言葉が思いつかない」なんてことで筆が止まることがありません。しっくり来ない言葉しか浮かばなくても大丈夫。その妙ちくりんな表現をとりあえず書いておきます。洗練工程で、しっくり来る言葉を探せばよいのです。

「あとで書き直そう」筆が止まりそうになったら、この呪文を唱えてください。

コツ48 どうしても書けないときの必殺技

書くテーマが決まっているのに、どうやってそれ（テーマ）をまとめていけばよいのか、わからないときがあります。「筆が進まない」状態です。

このようなときの必殺技があります。手紙形式にすればいいのです。

その手紙の宛先を決めることができればそれに超したことありません。でも決められなくてもかまいません。今の気持ちと書きたいテーマのことだけを切々と綴ってみましょう。「起承転結」や「序破急（三段構成）」などの構成のことは忘れましょう。淡々と今の気持ちを綴ること。それだけに専念しましょう。びっくりするくらい、筆が進みます。

なぜ、書けないときに手紙形式にすればよいのかというと、読み手が特定されるからです。読み手は絞れば絞るほど、わかりやすい文章になります。読み手の知識と関心や読解力、一人であれば、極限まで絞り込むことができるはずです。

不特定多数の人に書くということは、読み手の知識、関心、読解力がばらばらということです。それでは、よっぽど書く内容に魅力がないと読んでもらうのは難しいことなのです。だから、「何を書こうか」と思案してしまうのです。書くことが決まっていても、「どう書こうか」と悩んでしまうのです。だから、手紙形式にして、ある人をイメージして書けば、すらすら書けるのです。

それでも書けないときは「書けない理由を白状」しましょう。これは書き手である自分自身に対してです。

「なぜ書けないのか」、その気持ちを正直に文章化するのです。自分に対してですから、それを公開するわけではありません。文章を書き上げる前の、状況整理のようなものです。

・書きたいことがたくさんあるから
・何を伝えたらいいのかがはっきりしていないから
・もともと知らないことを書こうとしているから
・誰に伝えたいのかがはっきりしていないから

なぜ書けないのか、いろんな理由が浮かんでくると思います。書けない理由を些細なことでも書き出してみます。そして、その理由一つひとつに対して、対策を講じます。マーケティング戦略として知られている「ランチェスターの法則」の一つである「各個撃破の原則」を適用するのです。これにより、解決できない問題（書けない）が解決されます。

書きたいことがたくさんあるのなら、いっぺんに書くのでなく一つずつ書いていけばよいのです。

何を伝えたらいいのかがはっきりしていないのなら読み手を誰にしたのかを思い出せばいい。その読み手は何を知りたがっているのかをシミュレーション会話してみればはっきりします。

知らないことを書こうとしているのなら、調べてみればよいのです。調べようがないときはその理由を書いてみます。なぜ資料が集まらないのか、これだって十分価値ある記事になるはずです。

誰に伝えたいのかがはっきりしていないのは、読み手への具体的イメージが不足しているだけなのです。具体的な人物をイメージしてみましょう。

コツ49

原稿を書き上げたらナンバリングを

原稿を書き上げたら、ナンバリングをしましょう。紙に手書きする人は、通し番号を打つのです。

パソコンで書く人は、ページ番号を付けましょう。

パソコンで書く場合も、いずれは紙に印刷して最終チェックを行います。このときに順番がわからなくなったりしないように、ページ番号を付けておきます。

ワードなどのワープロソフトにはページ番号の他にファイル名や文章内の見出しを入れることもできます。これは、自分史のような長い文章の場合はやっておくと何かと好都合です。というのは、書き直すたびに別のファイル名にすると思いますが、印刷したときにどの版だったかが明確になるからです。

完成途中であっても、長い時間をかけて自分史を書く場合（手書き原稿）、「生い立ち」、「学生時代」、「家庭・家族」、「人間関係」など、書いた文章を区分けした袋（またはファイル）に入れておきます。追補した文章や関連する写真や資料などを区分け袋でまとめておくと、あとで全体をまとめる上で便利です。この場合も、区分けした原稿それぞれにナンバリングをする必要があります。

第5章

洗練する

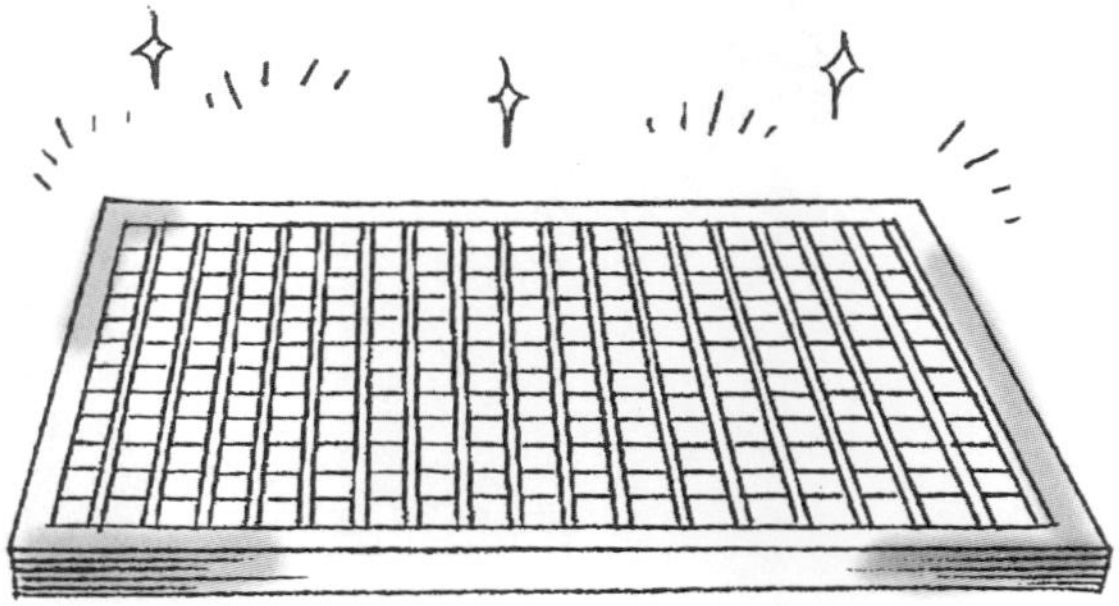

コツ50
「わかりやすい」って何？

文章はわかりやすくあるべきです。当たり前のことです。でも一つだけ弱点があります。「わかりやすい」を改めて定義すれば次のことでしょうか。
・論理的である。
・洗練され、誤解を招かない。
・日本語として正しい。
具体例を挙げれば、次のようになります。

・修飾語は必要最小限に使う。
・一文一文の文章が短い。
・できるだけ単文である。
・主語と述語をくっつける。
・回りくどい表現をしない。

ところが、これらを徹底すると味も素っ気もない文章になってしまいます。味のある文章や素っ気のある文章とは、ある意味わかりにくい文章でもあるのです。では「味」と「素っ気」は意味のない存在なのでしょうか？

この「味」と「素っ気」は、特定の読み手にとっては心地よい書き手の個性なのです。もし、ある特定の読み手以外のことをまったく気にする必要がない場合は、「わかりやすく」ということにそんなに神経質になる必要はありません。

想定した読み手以外の人にとってはわかりにくい文章かもしれませんが、想定した読み手が喜んでくれるなら、たとえ「わかりにくい文章」であっても、それが自分の個性だからと割り切ってしまってもいいのではないでしょうか。それが味わいや趣になるのなら。

あなたの書く自分史は、わかりやすさと個性、どちらを優先しますか？

コツ51 書き手と読み手のレベルを合わせる

世の中に「わかりやすい文章を書きましょう」という人の主張には、書き手の方にばかり関心がいっていることがほとんどです。実は、「わかりやすい」文章とは書き手と読み手の気持ちが通じ合っている文章なのです。文章を書くときに、最も大事なことは、「読み手と書き手が対等に存在する」ことです。

だから、「この人には読んでほしい」と、読み手を絞るのです。読み手が具体的であれば、その人の気持ちを意識して文章が書けるからです。

「難しい言葉を使わない」ということを実践しても、わかりやすい文章にはなりません。書き手の知っている専門用語を読み手が知らない場合に有効な手法なだけなのです。仲間内あるいは専門家どうしが読む文章なら、専門用語の類は使うべきなのです。

あなたの書く自分史を読んでくれる読み手はどんな人ですか？ 書き手であるあなたの使う専門用語をどのくらい知っていますか？ どのような言い回しや例えがぴったりくる人たちですか？ 推敲作業とは、読み手のレベルに見合った観点で、原稿を洗練していくことなのです。

コツ52 洗練とは間違い探しの作業ではない

洗練は下書き原稿の不備をチェックして直すだけではありません。せっかく洗練するのならプラス面のチェックもしたいと思いませんか！ プラス面のチェック、つまり「もっとうまい表現はないか」というチェックです。

間違い探しというのは、要するに原稿執筆時のミスを探す行為なので、あまり熱心にやると自己嫌悪に陥ってしまいます。しかし、「もっとうまい表現はないか」というプラス面のチェックは前向きな気持ちで行うものなので、洗練工程もまた楽しい作業になります。

このプラス面チェックには、もう一つ「反論を想定する」チェックというものがあります。

あなたが今書いている文章に自分で反論しつつ読んでみてください。あなたは、その反論に対応できていますか？

対応できていれば、いうことはありません。まだ対応できていなかったら、さらに書き足してみましょう。さらに説得力の増す文章になるはずです。

コツ53 洗練は三回に分けてチェックする

下書き原稿を完成させるために文章を洗練することは欠かせない工程ですが、何をチェックしていけばいいのかというと、次の三つの観点で、この順番でチェックします。

・論理性（飛躍や脱線、勘違い、誤認がないか）
・洗練されているか（ムリ、ムダ、ムラがないか）
・正しさ（誤字脱字、誤用、文法違反がないか）

これは変更の度合いの大きなものから順に行うことを示しています。

論理性のチェックは、章立て構成を見て、次に見出しの固まり単位で、その次に段落単位でチェックしていきます。ここに改善の余地があるということは、構成が変わるということにつながります。あるいは記事単位での記載内容が変わるということです。変更の度合いの大きなものです。

洗練されているかどうかというチェックは、文単位で見ていきます。記載情報に変更はありません。記載情報をどれだけ効果的に表現しているかのチェックだからです。ムリとは背伸び表現です。使い慣れない言葉を使っていないか、小説やノンフィクションに使われていた表現をそのまま拝借したような、借り物の文章表現になっていないかをチェックします。ムラとは表記のゆれのことです。エスカレータとエスカレーター、ダイアルとダイヤル、アラビア数字＝算用数字（1、2、3など）と漢数字（一、二、三）のように同じ意味の異なる表記が混在していないかをチェックします。ムダとは文字通りなくてよい記述です。「まず最初に（表現が重複）」、なくても意味がわかる接続詞、「…ということであった（「…だった」と簡略可能）」、などなど文章をスリム化できないかのチェックです。

最後の正しさチェックは、文内の文字列単位でのチェックです。

正しさチェックを先に行って、最後に論理性をチェックしたとしましょう。この場合、論理性に問題があり、文章を書きかえたり、見出しの固まりを追加したりすると、もう一度正しさチェックをする必要が出てきます。効率を考えると、変更度合いの大きなものからチェックしたほうがよさそうです。

コツ54

もっと面白い書き方はないか

起承転結という型にはまった記事だとしても、「転」の部分や「結」の部分が面白いとは限りません。描き方や題材によっては、「起」の部分が面白かったりします。

そのいちばん面白い部分をいちばん面白くするために最善が尽くされているか、もっと面白くすることはできないか、これらのことを検討してみましょう。

「この原稿のいちばん面白いところはどこか、そこは面白くなっているか」「この原稿のいちばん興味深いところはどこか、それは十分に伝わっているか」という視点で、あなたが書いた原稿が読み手に感動をちゃんと伝えられているか、もっと伝えられることはできないかという吟味を行うのです。もっともっとと、欲深い気持ちで、より効果的な表現、よりリアリティのある表現を目指してみるのです。

たとえば人間関係を書くとしましょう。親友AとBの二人について自分と彼との間の出来事の回想だけではなく、二人の個性を対比して書いたり、自分の人生にとって、二人の存在にどんな意味があったのか、また、現在の交遊のエピソードに触れるなど、人間関係を欲深い気持ちで書いてみることも自分史を面白くすることにつながります。

コツ55 一手間加えてワンランク上を目指す

原稿に一ひねり加えると面白くかつ客観的なものになります。一ひねりとは「調査」です。

例えば母校（それも小学校）の桜の木の写真が出てきたとします。それをもとにあれこれ、小学校時代の校舎、校庭の様子を回想してみます。桜の木にまつわる思い出がよみがえってきます。

「うちの小学校には桜の木は低学年の教室の脇に植えてあったぞ」

「ぼくの学校への道は桜並木だったな」

「玄関にはシュロの木が植わってた」

などということが昨日のように思い返されてきます。そうなれば、小学校にはどんな樹木が植えられているのか、調べてみる価値はありそうです。

入社式の写真なら、単にキャプションをつけるだけでなく、同期入社の人物を思い出したり、中央の社長、左右の役員や役職の人のことを回想します。新入社員時代のことが甦ってきませんか。

題材にもう一手間かけるとより面白く、より客観的な記事になっていくのです。

コツ56 言葉遣いは自分でソロえた

一通の手紙や一枚の報告書程度なら、「言葉遣い」と言うことにさほど神経を配ることもなしに書き始めても問題ありません。実際、皆さんが手紙を書くときに、言葉遣いをどうするかについてはあまり考えたことはないはずです。

ところが、自分史のようにある程度の分量を持つ長い文章の場合は、この「言葉遣い」について、自分なりの方針を固めておく必要があるのです。ただし、自分のスタイルを決めるときに気を付けることがあります。整合性です。漢字をたくさん使いたい人は漢字をたくさん使えばいいのです。でも整合性がほしいところです。

例えば、動詞は漢字にすると決めたら、徹底して漢字を使うことにするのです。自分が実際に書ける漢字を使うと決めたら、パソコンで簡単に変換できても、手書きで書ける漢字だけにする、というように。

自分でつくるルールですから、気が変われば改訂して問題ありません。そう思えば気楽に決められるはずです。このような習慣を付けると、他の人の文書を読むときにも、「この人はどんな方針で表記を決めているのだろう」という視点で読むことができます。それはそれで参考になります。

コツ57 正しさのチェックポイントは五つ

自分史の原稿を書き上げたあとの自己チェックのやり方としては、一ページ一ページ丹念に見ていくやり方がありますが、これは高度な集中力を要します。

それよりも、チェックするポイントを一つずつ決めて、チェックポイントの数だけ読み直すことをオススメします。手間はかかりますが…。

正しい表現かどうかとして、チェックポイントは次の五つです。

・文法（ら抜き言葉、さ入れ言葉など）
・誤字脱字
・語彙（誤用していないか）
・送りがなとかなづかい
・文体（である調とですます調）

チェックしながら、「あっ、これも直さないといけない！」と思ったときは、その新たに発覚したチェックポイントをメモしておきましょう。

●ら抜き言葉の例
食べられる……食べれる
見られる………見れる
●さ入れ言葉の例
休ませていただく……
　休まさせていただく
読ませていただく……
　読まさせていただく

コツ58 言葉遣いで迷ったら

例えば、外来語表現では、エスカレーター／エスカレータ、スムース／スムーズ、今では使われなくなりましたが、バイオリン／ヴァイオリン、セーター／スェータァー、オレンヂ／オレンジ、送りがな表記では、お問い合わせ／お問い合せ。

例えば、一人称では「僕、私、俺、小生、自分」などなど。他にもたくさんあります。「ぼく」という言葉にしても「僕、ぼく、ボク」と三とおりあります。

このように、どのような表記（用字）にするか、どのような言葉を使うか（用語）、悩み出したら、キリがありません。書いている自分にこだわりや思い入れがある場合は迷いませんが、「どっちでもよい」と思っていると、迷いがちです。気になればなるほど、筆が進まなくなります。このようなときこそ、インターネットを使いましょう。世間の人がどうしているかに任せましょう。あなたにとって、それはどっちでもよいことなのですから！　Googleやyahooの検索窓に、気になる言葉を入力して検索してみるのです。ヒット数の多い表記が、世間の人がよく使っている表記ということになります。

この「インターネットにお任せ表記ルール法」には欠点というか弱点というか、デメリットがあります。それは「一人の著者としての統一感がなくなる」かもしれないということです。調べてみた言葉については、世の中の大勢に従っているのですが、表記ルールとしてみたら整合性のとれないことになるかもしれないということです。具体的にいうと、プリンタとエスカレーターのように、音引き(ー)を付けるのか付けないのか。整合性のある表記ルールに従うとすれば、既刊の用語辞典を活用しましょう。『朝日新聞用語の手引き』とか、『NHK新用字用語辞典』とか、『東京堂用字用語辞典』などです。

なお、ヴァイオリン/スェータァー/オレンヂというような表記を好むのは現代では詩人くらいのものですが、ある時代まではそれが標準でした。時代感を出すには、「インターネットにお任せ表記ルール法」は向いていないかもしれません。

コツ59

漢字とひらがなの使い分けは?

パソコンで文章を書くことが多くなって、いちばん変わったことといえば、漢字を使うことが容易になったことでしょう。画数の多い漢字を書くのは手書きの場合は面倒なことでした。パソコンなら、画数の多い少ないは、

入力の手間に差はありません。そのため、気を抜くと、スペースキーを押してひらがなを漢字に変換してしまい、結果として漢字が多くなってしまいます。

では漢字とひらがなの割合はどのくらいがよいのでしょうか？

読みやすい文章の比率は漢字三十％、漢字以外七十％といわれています。といわれても、書いたあと数えるのもばかばかしいというか現実的ではありません。漢字とひらがなの使い分けに迷ったら、次の三つのポイントに従って、使い分けます。

・名詞と動詞、形容詞には漢字を使う。
・接続詞、副詞、連体詞、紛らわしい同音異義語はひらがなを使う。
・漢字の難易度を読み手に合わせる。

例えば、「はなし」という言葉には、話と噺と咄と譚があります。「ちょっと変化を付けようと、ふだん使わない漢字を使う」というのは好ましくありません。漢字を使い分けるのは、変化を付けるためではないからです。できるだけ「一般的な」漢字を使うことです。手書きの場合だと使わない漢字は、パソコンで書くときも使わないことです。どの状況で漢字を使うかは、文章に適切かどうかで判断します。「手間じゃないので、ちょっと変化を付けて」という色気は持たないようにします。

例えば、「つまずく」という言葉は漢字では、「躓く」となります。手書きでも使う人なら、「躓く」を使うのはいいのです。手書きだったら使わないけど、パソコンならスペースキーを何度か押すだけだからという動機では使ってはいけないのです。漢字の難易度を読み手に合わせるということは、つまり読み手への整合性です。

例えば、お子さんを対象とする文章の場合は、それぞれの学年別に習う漢字にとどめるのです。大人向けの文章でも、当用漢字までを基準とするなら、当用漢字で表記できる言葉は漢字を使います。何か、書く人なりの使い分け規則を自分なりに作ることをおすすめします。

孫たちに伝えたいと思って書く自分史の場合は、読み手は大人ではありません。あなたにとっては漢字で表記するのが自然でも、ひらがなで表記したほうが望ましいことになります。

コツ60 誤字脱字のチェックはパソコンで

文章を書くと、あとで必ず誤字脱字のチェックが必要です。それは手書きであれ、パソコンで書いたとしても必須です。

とくにパソコンで書いたときは、入力ミスもさることながら、もう一つ忘れてならないのが、誤変換です。気分よく書き続けていくと、すいすいキーボードをたたいて、変換も確認しているはずなのに、あとでぎょっとするよ

うな言葉になっていた！という経験は誰もがお持ちのはずです。

こんなとき便利なのがワープロソフトに用意されている文書校正機能です。ほとんどのパソコンに入っているマイクロソフト社のワードなら、「ツール─文書校正」を選択すると、ワードがチェックしてくれます。便利な機能は使わないともったいないです！　ミスタイプと係り受け表現は、これでほとんどチェックできます。

ただし、同音異義語が文脈内に間違って使われている場合は指摘されません。こればっかりは目視確認しかありません。ワープロソフトの文書校正機能は「ミスタイプと係り受け表現」の二つに絞って利用しましょう。すべての文書校正機能を使うと、細かすぎて煩わしく感じることもあります。

ワープロソフトの指摘例	修正例
。。（句点の重複）	。
こんにちわ	こんにちは
私の右側のロッカーの鍵	私の右側にあるロッカーの鍵
ですます調とである調の混在	どちらかに統一
英単語のスペルチェック	正しいスペルに修正
行なう	行う（送りがなの修正）

これら以外にも、様々な項目を設定できます。どのように統一するかも設定できます。

「大手企業に修飾した／大手企業に就職した」のような同音異義語の誤用

は指摘されません。

コツ61 身近な人のチェック

よい原稿の基本は、「熱意を持って客観的に記述する」です。客観性を持たせるのは、身近な人に見てもらうのが最も適切です。

自分史を一通り書き上げて、自己チェックの推敲が終わったら、第三者に通読してもらいます。家族や親友といった身近な人がオススメです。最初の読者です。あなたに関する新発見をされるかもしれません！

明治の文豪森鴎外はお母さんに、時代小説の大御所池波正太郎は奥さんに書いた原稿を読んでもらい、「わからない」といわれると書き直していたそうです。大作家ですら、この身近な人がチェックをするのですから、プロでもない我々が行うのはごくごく当たり前のことです。

プロの編集者でなく、家族や友人といった身近な人にチェックしてもらう利点は次の点です。一つは、「冷静なチェック」は書き手よりも書き手以外が勝るからです。書き手は自分の書いた原稿をどうしてもひいき目で読んでしまいます。「うまく書けなかった」とわかっている部分があると、「やむを得ない」という気持ちで改善項目に入れることをあきらめます。この点、身近な人なら、書き手の都合を考慮せずに厳しく客観的な目でチェックしていきます。

もう一つには、自分史の読み手に最も近い存在だからです。場合によっては、あなたが想定した読み手そのものかもしれません。完成前のチェックを読み手本人にお願いするのは、ちょっと抵抗があるかもしれませんが、そこは「読み手」を制作仲間に引き込むつもりでお願いしましょう。あなたの伝えたい内容が十分に伝わるように、あなたの自分史の質を上げるためですから。

もちろん、プロの編集者にみてもらうことが可能なら、それに勝るチェックはありません。想定している読み手のイメージを伝えておけば、プロの編集者は、その読み手に対して最善の表現がなされているかどうかをチェックしてくれることでしょう。

コツ62

原稿は一晩寝かせる

自分史の原稿を一通り書き上げると気持ちが高まってきます。これまでの人生が鮮やかによみがえり、おそらく書き上げた直後には、「最高傑作ができた！」という思いでいっぱいになることでしょう。このような状態では、客観的な自己チェック（推敲）はできません。原稿を一通り書き上げたら、推敲作業は翌日以降に行います。冷めた目と頭で自己チェックするのです。

一夜明けても、まだ興奮冷めやらぬという場合もあるかもしれません。このときは、いったん他のことを考えるなり、するなりして、頭をリセットしてから自己チェックしましょう。

他のことを考えていても、自分の力作が気になって気分転換できない！という人もいます。そのような場合、気持ちを落ち着かせるには、次の方法があります。

形式的表現をチェックする。

代名詞／句読点／一文の長さ（複文や重文を単文化できないか）／誤字脱字をチェックするのです。

これらのチェックは、機械的作業です。したがって、書き上げた興奮を冷ますことに効果があります。

一文の文字数を数える。

これをやると、たぶん、ばかばかしくなってきます。ばかばかしいという気持ちがわいてくれば、書き上げた興奮は収まっています。

最善は一晩、次善は「いったん他のことを考える」です。右記の策は、それができないときの対処です。それでもやる価値はあります。

コツ63 まず素読みを

原稿を書き上げると次は推敲です。これを怠ると、いかにも文章を書き慣れていないというものになります。

自己チェックは、まず素読みから始まります。

素読みとは、ただ最後まで通して読むだけです。最後まで通して読んで、いちばん気になったことが、あなたの書いた文章の最大の欠点です。もやもやっとしたことがあれば、それが改修すべき欠点です。これは全体を通してわかることです。一ページ、二ページのうちは欠点と思えることが、実はあなたの文章の個性であることもあるからです。このため、まず最後まで通して読む必要があるのです。原稿を書き慣れた人と書き慣れていない人の決定的な違いは、推敲する習慣が身に付いているかいないかです。

この素読みにはコツがあります。

「目で読まないこと。つまり、声に出して読むこと」です。

目で読んでしまうと、誤字脱字を補正してしまいます。つまり見逃してしまうのです。流れの悪い文章や同じことの繰り返しなどの欠点も、その自分史をいちばん理解しているあなた自身が頭の中で補正してしまい、見逃してしまうのです。推敲はどれだけ、自分の原稿を客観的に評価するかにかかっています。このときに、有効なのが、「音読する」ということなのです。音読は黙読より速度が遅いので、焦っているときは面倒に感じるものです。でも、計ってみるとそんなに差のないことがわかります。

コツ64 接続詞チェックで流れをつかむ

自分史が論理的かどうか、つまり飛躍したところがないかをチェックするのには、流れをつかむ必要があります。

書き手は、実際に記述されたこと以外の情報も頭の中にはあります。だから記事が論理的に飛躍していても、肝心なことを書き忘れていても、頭の中で補正していくので、なかなか気付きません。

そこで、すべての文に接続詞を付けてみるのです。こうすると前後の文のつながりが明確になります。

やたら「逆接」(しかし、けれど、だが等)ばかりが続いているなと思ったら、視点が迷っている証拠です。「順接」(だから、それで、そして等)ばかりが続いていたら、冗長な文になっている可能性があります。

順接の後は補足や例示が適度にある場合は望ましい流れです。一通りの説明がされた後に逆接や転換の接続詞がきていれば、論理性の高い文章ということになります。

逆接―一見矛盾しているようで、よくよく考えてみると、つじつまが合っていること。

順接―話の筋が順序よくつながっていること。

コツ65 接続詞「しかし」は使い方にご用心

難しい言葉を使っていないのに、なぜか読みにくい文章があります。そうかといえば、専門用語が使われながらも、なんとなくわかるような気がする文章もあります。これには理由があります。すらすら読める文書は、読む人の気持ちを裏切らない展開になっているのです。

例えば、接続詞の使い方です。「しかし」という接続詞は逆説の意味を持ちますが、運用上は万能な接続詞であり、付記するときも、強調するときも使うことができます。

転職してきた山田君は、合理的な判断の持ち主だった。

しかし（加えて）、人情も併せ持つ人でもあった。

転職してきた山田君は、合理的な判断の持ち主だった。しかし（それも）、その合理性は飛び抜けたもので、我々営業二課のほとんどが、非情なヤツだと思っていた。

この例は、かっこ内の言葉に置き換えるとすらすら読めるはずです。これは「しかし」にとどまりません。書く側の気持ちの盛り上がりに従って自分史を書いていくと、このようなことが起こるのです。接続詞は、一度付けてしまうと、読み手には伝わるはずのない情報までもが、書き手に読めてくるようになるので、後で文章をブラッシュアップ（文章をみがくこと）するときにノイズになるのです。接続詞はなるべく使わずに書き進めるようにしたいものです。適切な展開かどうかはブラッシュアップのときに見直します。接続詞も必要な場合は、ブラッシュアップのときに付記していけばよいのです。

コツ66 印象に残る文章にはある共通点がある

ごく普通のお知らせ文なのに、なぜか印象に残るものがあります。

例えば、フリーマーケットにまったく興味がないのに、バザーのチラシが新聞に折り込まれていたとします。何気なく、目をやったあなたは、そのチラシを読み終えると同時に片付けてしまって、後は目に触れたこともないのに。なぜか当日になると、「あっ、今日はあのフリーマーケットの日だ！」と思い起こすことがあります。フリーマーケットに興味のないあなたは、そんなことを思い浮かべても、フリーマーケットに出かけることはありません。

なぜ、その興味のないはずのチラシを覚えていたのでしょうか？　そこに共感と発見があったからです。

おそらく、そのチラシには、あなたの日常生活で出てくる不要なものと欲してくる日用品が列挙されていたはずです。そして、意外な使い道などのお役立ち情報をチラシから発見したはずなのです。フリーマーケットに限ることではなく、チラシなどの広告文には、このようなテクニック、つまり広告主がいいたいことをわかりやすく伝える技術が施されています。

自分史において印象に残る文章とはどういうものでしょうか。例えば、新婚時代のことを書くとします。


好物の一つに缶詰がある。鯨の大和煮はもちろん、鯖缶も大好物の一つである。それというのも私たちにとって缶詰とは特別な一品なのだ。

待ちに待った新婚生活が始まったものの安月給の身、毎日の食事は貧弱なものだった。妻は口実を見つけては実家へ行き、米や缶詰を抱えて帰宅するのであった。

そういうとき「余計なことをするな」と言いながら妻のさりげない気配り

に心の中では感謝していた。この時代のこの出来事は私たち夫婦の絆となり、今でも毎月二十四日は缶詰だけの夕飯にしている。

「缶詰」に懐かしさを持つ世代があります。その世代にとって「共感」を呼ぶ題材なのです。でも、缶詰記念日を設けている夫婦は少ないでしょう。そこに読み手にとっての「発見」があるのです。

あなたの書いた自分史の原稿一つひとつをじっくり読み返してください。読み手との共通点は書いてありますか？　読み手が「へーえ、知らなかった」と驚いてくれることが書いてありますか？　書いてなければ、何か書けないか、探してみましょう。

コツ67 内輪ネタや楽屋ネタを面白いと言わせる

内輪ネタ・楽屋ネタとは、当人および仲間内では面白いが、第三者にはさっぱり面白くない話のことです。「話が面白くない」といわれる人たちは、たいがい、この内輪ネタを仲間でなく第三者に話す人です。

生々しい話同様に、この内輪ネタ・楽屋ネタは、本人にとってはリアルに記述できるので、書きたい誘惑に駆られて当然です。

もし、これから書こうとしている自分史は自分しか読まない、あるいは仲間内の手にしか渡らない、としてもです。内輪ネタであっても、話に客観性を持たせるように工夫することです。なぜなら、あなたの書いた自分史が面白ければ面白いほど、「これ読んでみない？」と人の手から人の手に渡り広がる可能性があるからです。また、客観的に書かれた文章は品が良くなります。仲間内に対しても、品のよい文章を披露したいと思いませんか！　客観性とは、「解説」のことです。

・なぜ、自分がそれを面白がっているのかの解説
・なぜ、自分がそんなことに関わっているのかの解説
・なぜ、自分がそんな状況になっているのかの経緯の説明

これを淡々と解説すれば、もう内輪ネタ・楽屋ネタと冷やかされたりすることはありません。「解説」とは、決してむつかしく説くことではなく、そのことがらをわかりやすく補足説明することなのです。

コツ68 効果的な表現に先入観や常識を使う

もう少しうまい表現はないかと考えて行き詰まったときに、オススメの表現は、「常識」や「先入観」です。もちろん常識という知識をひけらかすわけではありません。常識や先入観の持つ予定調和（たぶんこうなるだろうという展開）を覆すことで意外性のある表現、つまり生き生き表現となるのです。

例えば「お腹が減っているときは何でもおいしい」といいます。これは万

人が認める常識です。

「いつもはなんでもないインスタントラーメンがとてもおいしかった」。と表現すれば、空腹さを実感をともなって表すことになりませんか！

「大好きなカレーライスがちっとも進まなかった」。と表現すれば、お腹がいっぱいかあるいは何か心配事があるということを象徴させることができます。

コツ69 「人はモノで、モノは人でたとえる」と生き生き表現になる

ありきたりな表現を言い換えてみると、生き生きとした表現になります。この手法、簡単な基本原則があります。「人はモノで、モノは人で」説明するのです。

幼なじみの田中浩君は、**大樹だがところどころ朽ちかけた枝**を持っていた。私はその朽ちかけた枝が落ちないようにフォローすることが多く、何かと彼に頼りにされていた。

気のせいかもしれないが、昭和三十年代の日本は、夏は暑くそして冬は寒かった。**怒っている**かのような八月の太陽は、二月ともなると、風邪をひいて布団にくるまっているかのようにおとなしくなる。

初めて聞いたクラシックは小学校の音楽の授業だった。**癇癪持ち**のようなスピーカーからとんでもないモーツアルトを聴かされたものだった。ファンなら許せないだろうが、さほど音楽に思い入れのなかった（？）担任の後藤先生は平然としてレコードをかけていた。

このように使い方が難しいとされる比喩もとりあげる例によって身近なものに見えてきます。

コツ70　「ワンブロック・ワンエピソード」盛り沢山では消化不良を起こしてしまう

取り立てて難しいことを書いているわけでもないのに、なぜかすらすらと頭に入ってこない文章というものを読んだことありませんか？　使っている言葉も難しくないし、専門知識も要らない話なのに、なぜか頭に入っていかない文章。この場合のほとんどが、一ブロックにエピソードが二つ以上入っていることが原因です。

例えば、愛妻弁当に入っていた目玉焼きのことを書くとします。あなたの奥様は黄身がこぼれ出すことのないようにお弁当のおかずにするときはわざわざ両面焼きにしていたとします。そこから展開して両面焼きと片面焼きについての夫婦げんかの話が始まったらどうなるでしょうか?

どっちがおいしいか、それは好みの問題です。どっちが標準か、それは育った環境次第です。そして、黄身部分は半熟がよいのか、しっかり火を通すのか? 脇役それもちょい役の目玉焼きに対する夫婦の思い入れがいつの間にか大きな顔をするようになってしまう。つまり新婚時代を回想するはずの文章が、いつの間にか目玉焼きの好みや種類についての夫婦間の対立の原稿に脱線してしまうことになります。

ブロックにエピソードが二つ以上入るときは、分割しましょう。言いたいことがたくさんあるときは、整理して書く必要があります。口にいっぱい頬張っていては、何もしゃべれないし、かみ砕くこともできません。文章として、お行儀が悪いということになります。

コツ71 「正しい冗長」とは

自分史はビジネス文とは真逆の文章です。ビジネス文の求める「短く簡潔に要領よく」ということよりも「じっくりしみじみ、感慨深く、共感と納得、書き手への新たな興味」ということに主眼を置いてつくりあげる文章です。ビジネス文としてはタブーである持って回った言い方も、前置きとして状況をつかんだ上で、オチに至る過程をわかってほしい場合は、正しい記述といえます。まさに「正しい冗長」なのです。

「正しい冗長」というからには、「悪しき冗長」というモノもありそうです。もちろん悪しき冗長は避けなければなりません。悪しき冗長というのは、自分史としてのテーマに対する新たな展開がありません。徒らに結論やオチを先延ばししているだけの文章です。

たとえばサラリーマン時代に、「やっとの思いで通すことができた新事業の提案書」というエピソードを綴るとき。原稿のテーマが「やっとの思いで通すことができた」というプロセスであれば、何度も何度もだめ出しされたことをていねいに述べるのは「正しい冗長」でしょう。しかし、その事業提案を思い立ったときの背景として既存事業の問題点をていねいに書きすぎるのは、「悪しき冗長」でしょう。読み手に伝えるべきことは、既存事業と提案事業との差異ではなく、提案が通るまでのプロセスなのですから。

コツ72

感情を抑えて控えめに書く

怒り過ぎ、悲しがり過ぎ、おかしがり過ぎ、喜び過ぎは好ましくありません。感情は抑えて、つとめて客観的に書くことです。

例えば、大失恋したときや受験に失敗した話を書くとします。悲しい出来事だから、当然、感情のこもった原稿になることでしょう。でもそれは読み手に通じるでしょうか。悲しい出来事や不幸な出来事は淡々と綴るほうが効果的です。感情をそのまま形容詞で説明するのでなく、動作や出来事にたとえて、名詞と動詞で表現するほうが、そのときの気持ちがより伝わります。

何よりも、感情的になると論理性に欠けた文章になりがちです。あなたが読み手の立場でいるときのことを想像してみてください。文章を読んでみて、なんか悲しんでいるなと思ったとき、読み手であるあなたはいっしょになって悲しんでいるでしょうか？ すごく後ろ向きでネガティブで、人生をはかなんでいるなと思える文章を読まされたとして、あなたはどんな気持ちになるでしょうか？

いっしょになって悲しんだり、凹んだりはしないでしょう。

だから、感情はできるだけ控えめにし、客観的に状況を説明すべきなのです。いってみれば、全体を見渡せる空から俯瞰して地上の様子を書くようにすれば良いのです。

コツ73 会話はリアルに

会話はリアルなやりとりを記述すると生き生きとした文章になります。例えば、

中村君と仲良くなったのは、ともに山口百恵ファンだったことだ。レトロな居酒屋で流れた山口百恵の曲をきっかけに歌謡曲談義で盛り上がったのがきっかけだった。

と書くよりも、

中村君と仲良くなったのは、レトロな居酒屋で呑んでいるときだった。BGMに山口百恵の『愛に走って』が流れた。中村君が「愛に走ってか、好きだったなー」と口走った。

「えっ、お前百恵ファンだったの？」

「そうだよ」

「でも、お前の年だと聖子とかじゃないの？」

「同級生はそうだったけど、おれは百恵だった」

「へーえ。オレは『乙女座宮』がいちばん好きだな」

「ああ、あれもよかったね。おれは『いい日旅立ち』だな」

「売れたね！」

歌の寸評で盛り上がったのが、始まりだった。


というように会話文を織り交ぜるとリアリティ（説得力）が増します。

コツ 74

具体的に書くだけで説得力は飛躍的に向上する

出来事を書く場合は、場所・人・物など、できるだけ具体的に書きます。さしさわりがある場合はあえて伏せたのだということを明記します。というのは、具体的に書かないとウソ臭くなるからです。

若い頃はバッグ一つを背負ったいわゆるカニ族としていろいろなところを旅した。北海道は広いが、その東西南北を踏破したのは学生時代のいちばんの思い出だ。

と書くと、なんだかウソ臭く思えてきませんか。書き手はカニ族だったのでしょうか？　ホントに北海道のあちこちを回ったのでしょうか？　函館と釧路くらいを回っただけじゃないでしょうか？なんて邪推されかねません。

もしこれがホントのことなら、書き手がホントに大きなリュックを背負って回ったのなら、

若い頃はバッグ一つを背負ったいわゆるカニ族としていろいろなところを旅した。肩幅の倍もありそうなリュックを背負い、広い北海道の稚内から名寄、士別、旭川と南下したのが初めての北海道旅行。翌夏には、富良野、帯広、釧路と回った。網走や根室には行けなかったが、サラリーマンになって函館に出張したときは、学生時代とはまったく違う楽しみ方をしたものだ。

前述の例文とは、リアリティがまったく違ってきます。

でもよく読み直してください。どちらも結局同じことを書いているのです。違うのは具体的に地名を記述しているかいないかだけです。そこに説得力の差が出てくるのです。

コツ75

固有名詞を入れるだけでさらに説得力が増していく

説得力というのは、真実味と現実味をどれだけ帯びているかということとほぼ同じ意味です。

例えば、「○○だと、誰かがいっていました」というよりは、「○○だって、□□さんがいっていました」というほうが、明らかに信憑性があります。

ただし、この固有名詞、間違えると厄介なことになります。多過ぎると、難解な文章になります。というのは、読み手にとっては、その記事に出てくる人はほとんどが知らない人や土地のはずです。知らない人の名前が何度も、知らない地名がいくつも記載されていると、頭が混乱してくるのです。

コツ76

数値を入れると説得力が増す

固有名詞を使うと説得力が増しますが、それよりさらに強いコツがあります。それは「数値」を使うことです。

「東京タワーより東京スカイツリーのほうが高い」。より、「東京スカイツリーは東京タワーより二倍くらい高い」。のほうが、説得力があります。
さらにいえば、「東京スカイツリーは六百三十四メートル、東京タワーは三百三十三メートル、ざっと倍近く高い」。のほうが、より説得力がありま す。

こういう例もあります。

私が所属していた半導体素子の生産工場は、発足当初は年間二億円程度の売上高だったが、昭和六十二年に最新鋭の自動化システムを導入したことで翌六十三年には売上高は十五億円にまで伸びた。私は検査工程を担当していたが、残業続きの毎日で残業手当は、毎月八万円くらいとなり、家計の助けになった。

このように、年代や金額などの数字を多用することも文章の説得力が高まる。

コツ77

最強の説得力は、「○○さんが言いました」にある

事実を書くことは、自分史にとって重いことです。誰も否定できないからです。しかし、事実を押しつけるだけでは説得力は増しません。読み手が受け入れやすい順番で、読み手が消化できる分量の、「事実」という情報を発信すると、読み手は心地よく説得されるものです。とはいえ、言うは易く行うは難しです。そこでもう一つ、簡単ではあるが効果のある、そして手軽なかつ最強の手法があります。それは！

誰かに語ってもらうのです。

大里課長は厳しかった。より、

「大里課長なら判を押さないぞ」は営業二課だけでなく、営業部長までが口ぐせにしていた。

のほうが断然、説得力が増します。証言者が誰かにもよりますが、このテクニックは使えます！

コツ78

リード文を書こう　長い文章を最後まで読ませるには

わかりやすさの具体例の一つに安心感というものがあります。その文章で、何を伝えようとしているのかを早い段階で提示することで、どんな展開になるのかをあらかじめ読み手に伝えておくのです。

考古学を趣味とする人の自分史の例です。遺跡めぐりの話が三十ページほど続きますが、はじめにリード文として次の文章がおかれるのです。

私の中学は中央線の国立駅を下車したところにあった。昭和三十年代、そのあたりはまだ武蔵野の面影を残していた。あたりは雑木林と畑地の連続だった。私は「考古学研究班」に所属した。武蔵野台地は縄文時代の遺跡が多く、畑地を掘ると縄文土器のかけらや石器が面白いように出てきた。これが私と考古学との出合いだった。大学では古代史を専攻し、念願だった高校の先生の職を得た。考古学への思いは断ちがたく、教員生活のかたわらで余暇を利用して、全国各地の遺跡めぐりをした。これから書くのは、私が自分の足と目でたしかめた日本列島の縄文遺跡めぐりの記録であり、それが私の自分史の一面なのである。

このようなリード文があるほうが、安心感がありませんか。

　自分史も同じです。あなたの書いた自分史のそれぞれの原稿がちょっと長い場合は、全体を要約したもの（これをリード文といいます）を冒頭に置くことで、何を伝えようとしているのかを最初に提示するのです。

コツ79 参考情報は本文から外して脚注や注釈として記載する

　例えば、あなたが「わが家のルール」という原稿を書くとします。その原稿は、その時代やその土地などに特有の文化と密接に絡んでいるはずです。「わが家のルール」という原稿を説得力のある原稿にするためには、その時代やその土地などに特有の情報があれば、補足説明したいところです。だからといって本文内で記述してしまうと、話が横道にそれる、つまり「ワンブロックワンエピソード」の原則からずれてしまい、わかりにくい文章になってしまいます。このようなときは、注釈として解説すれば良いのです。

　注釈は、ページ内がよいのか、巻末にまとめるのがよいのか？　議論の分かれるところです。次のように考えるとよいでしょう。
・注釈だけを読んでも、十分価値がある、意味がわかる場合は巻末にま

文末

欄外

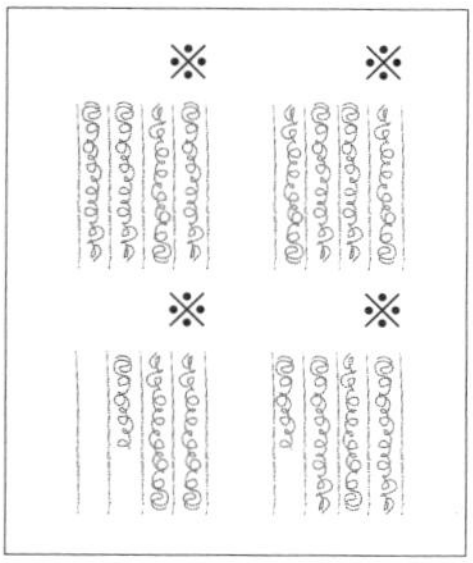
巻末

とめる。
・あくまでも補足説明という場合は、ページ内にまとめる。
・ページ内にまとめる場合、文末または欄外に記載する。

本文を読んでいるときに注釈（脚注）がすぐ目に入るのは便利です。でも、注釈だけを読んでも、十分面白い場合は、巻末などに注釈をまとめるようにします。注釈だけで一つの原稿に昇格させるのです。ただし、あなたの書く自分史全体として揃っていなければいけません。あるページでは注釈はページの端っこに書いてあり、あるページでは巻末を参照するなどの不統一はさけたいところです。

コツ80 主語は消すこともできれば差し替えることもできる

主語をはっきりさせないのは日本語の特徴です。これをテクニックとして、利用してみませんか。例えば、主語の省略です。主語ときちんと書けば、わかりやすい文章になりますが、くどくどしい文章になってしまうという側面もあるのです。

同じ主語の文章が続くときは、二回目以降の主語を省略してみましょう。省略してわかりにくいと思った場合だけ、主語を明記するのです。こうすることで、流れのよい文章とすることができます。
日本語は、主語を変えてみることもできるのです。

a　会社への近道になるので、私は商店街を通っていた。店の前を清掃している一人の老人と私はいつとなく挨拶を交わすようになった。そのご老人との縁は、やがて私の顧客開拓に多大な影響を与えることになった。

b　会社への近道として商店街を通っていた私は、いつとはなく店の前を清掃しているご老人と挨拶を交わすようになった。そのご老人との縁は、やがて私の顧客開拓に多大な影響を与えた。

c　通勤路にある商店街のご老人は毎朝店の前を清掃していた。自然に顔見知りになる。私の顧客開拓に多大な影響を与えた方である。

bはaの文章から一部主語を省略しています。cはaの文章とは主語を差し替えています。
このように主語を省略したり、差し替えたりすると、同じことを言っている文章の雰囲気が変わっていきます。

コツ81
「社内用語」にご用心

社内用語とは、ある種の方言といえます。使っている側にはそれが当たり前の日常語ですが、社外の人にとっては未知なる言葉です。「社内の常識」がすっかり身についた人が定年後に自分史を書き始めると、つい社内用語を多用しがちです。それが第三者にとって意味のわかりにくい言葉とは予想もつかないことなのです。

一般的だと思っていても社内用語というものは、社外の人にはまったく通じません。社内用語がその会社でしか通用しないことは、転職経験のある方なら、よくご存じのことと思います。

例えば、「下打ち」。これは本番の会議の前に根回しをするための打ち合わせ、つまり下打ち合わせの意味だそうです。他にも、外回りの多いサラリーマンならご存じでしょうが、「直帰」。会社に戻らずそのまま帰宅するという意味ですが、わからない人には通じません。

第三者にチェックをお願いするときに、社内用語らしきものがあったら指摘してもらうようにしましょう。

コツ82

流行語は上手に使う

流行語を使うには注意が必要です。「流行語の類はなるべく使わない」というのが最も無難です。国語辞書に載っていない言葉が流行語です。数年経って読み返すと、薄っぺらな文章に思えるからです。

これを逆に利用する手もあります。その流行語が流行っている時代を強調させるときです。

ただし、この場合はカッコでくくるのが無難です。そうしておけば、いかにも流行語であることを意識しつつ、意図的に使っているという雰囲気が出ます。

ただし、人生を回想する場合、その時代に流行った言葉、つまり標語やCMを文章に挿入すると、時代の雰囲気が伝わることがあります。たとえば、戦時中のことを書く場合なら、「撃ちてし止まむ」（敵を滅すまで倒れるな）高度経済成長時代のことなら「オー・モーレツ」（丸善石油のCM）などのように。

「イケメン」という言葉があります。“いかす男”（かっこいい男）という表現でしょうか。

「新人社員を指導することになって気がついたのは、いわゆる“イケメン”が多いことだった。」

書き手が“イケメン世代”でなくても、こう書くことで現代の空気が伝わってくるのではないでしょうか。

コツ83

「受け身表現」と「能動表現」を使い分ける

テレビやラジオのニュースでときどき耳にすると思いますが、「○○が予想されます」、「○○と思われる」などの受け身表現が新聞や週刊誌またはインターネットのニュース記事などではよく使われます。自分史ではほとんど目にする機会はありません。受け身表現を使うと、リアリティに欠け、他人事のように感じとられるからです。

自分史の場合は能動態で書くことをお勧めします。

自分史の場合は能動態で書くことが好ましいと思われます。

後者は他人事のような気がしませんか。もちろん、受け身表現にも長所があります。誰もが思っているかのような普遍的な感じのする文になるのです。他人事ということは、つまり書き手は主張していない代わりに、他の人が主張している、ということだからです。そう考えると受け身表現も使い甲斐のあるテクニックということができるのです。

コツ84 一文の長さは何文字くらいが適当か

一文の長さは、原則は四十から八十文字です。しかし実際に文章を書くときに、文字数を数えて書く人なんて、おそらくいないでしょう。

覚えておくことは、

「述語がきたら、そこでマルを付ける（句点を打つ）」

ただこれだけです。わかってはいるのだけれどなぜか長くなってしまう…という人もいるでしょう。文章が長くなりがちな人は、いつまで経っても長い文章を書き続けてしまいます。

「雨が」「降る」のように主語の次に来るのが述語です。

パソコンで書いているときはもっと便利な方法があります。文章を入力している画面を調整すれば、見当を付けることができます。一行の長さを四十文字にするのです。

そうすると、一行を超えた頃から、そろそろ終わりにしようと考えます。三行になってしまったら、読み返して短くするとか。見た目ですぐにわかります。

手書きの人も、原稿用紙を使っていれば、一目瞭然です。

コツ85 句読点の達人になるには勇気を出して読点を削除する

句読点の使い方を説明する際に「句読点の位置によって意味が変わるので使い方には注意が必要です」なんてことをいう人がいます。文章読本にも、大方そんなことが書いてあります。でもそうなのでしょうか？　実は句読点の打ち方で意味が変わる文というものは言葉遊びに過ぎないのです。

そもそも句読点の配置で意味が変わるような文を書かなければいいのです。

例えば、伝説的な「かねをくれたのむ」の例。

「れ」と「た」で区切れば「金をくれ、頼む」

「た」と「の」で区切れば「金をくれた、呑む」

こんな文を書く人がいるでしょうか？　いないでしょう。文法の本でしか、この文章は存在しません。もし、皆さんが句読点の配置で意味が変わる文章を書いてしまったことに気付いたら、即刻書き直しましょう。伝説の例文ならば、次のように書くべきです。

頼むから金をくれ

金が手に入ったので呑む

句読点の位置を変えて意味が変わるような文章はダメな文章なので、書き換えるようにしましょう。

つまり、句読点を打つ場所がどこでも意味は変わらない文を書くということです。だったらどこに打ってもいいじゃないか、打っても打たなくてもいいじゃないか、ということになります。実際、句読点の多い人もいれば少ない人もいます。それは文章の個性ということであり、問題ないことです。

気にしない人はまったく気にならないことですが、気になると、正解がないだけに、悩んでしまいがちなのが「句読点の使い方」です。

基本は息をつくときに「、」を打つのが読点、文章の終わりに「。」を打つのが句点です。ただそれだけのことですが、実際は難しいものです。なぜならば、「息をつく」ということが人によりさまざまだからです。迷ったときは、このやり方でいきましょう。

・全部削除。

・声に出して読んでみて、読みにくかったら追記する。

「全部削除」を実践するにはよほどの覚悟が要ります。点（読点）を多めに打つ人は、そのことを自覚していない場合があります。あってもなくても、意味が変わらないときは付けない、くらいの気持ちでいるとよいかもしれません。

ちなみに、読点と書いて「とうてん」と読みます。ドクテンでもなければヨミテンでもありません。

コツ86 主語と述語をくっつけるには

主語と述語が離れていると文章がわかりにくくなります。その原因は言いたいことを先に書いてしまうからです。そして日本語は述語が最後にきますから主語と述語が離れていくのです。

例えば「浩は微笑みながら近づいてきた順子にあいさつした。」という文があったとします。微笑んだのは浩でしょうか、順子でしょうか。書き手の最も言いたかったことは「微笑みながら」という状況だったのでしょう。だから「浩は」に続けて表記されたのです。

微笑むのが浩なら、「近づいてきた順子に浩は微笑んであいさつした。」とすべきです。微笑むのが順子なら、「微笑みながら近づいてきた順子に浩はあいさつした。」とすべきです。もしくは、「浩は、微笑みながら近づいてきた順子にあいさつした。」と書きます。

言いたいこと、つまり頭に思い浮かんだ順にストレートに書くのは、わかりにくい文章の始まりなのです。

とは言いながらも、文章を書くとき、ついつい主張したいことから先に書ことに専念し、うまい表現や気の利いた表現のことなんて考えては長い文章を書くことはできません。言いたいことが主語の場合、間に修飾語をはさみ最後に述語が来ます。知らず知らずに書いていくのだから、「主語と述語をくっつけて書きましょう」と何度繰り返しても効果はありません。

それならその習性を認めてしまうのです。書くときは、「言いたいことから書いてしまうのだから、主語と述語が離れてもやむを得ない」と割り切って書くのです。自分史の文章を書くときは、主語と述語をくっつけることをあまり意識せずに、「言いたいことを書く」ことに専念しましょう。

文章を書くときに気を付けるより、書いたあとで再チェックするときに主語と述語が離れていることで文章がわかりにくいことがわかったら、くっつければよいのです。

そのために推敲という工程があるのです。

言いたいことから書いてしまうと次のようになります。

私は勉強が嫌いだから、授業時間には教師が熱っぽく説明しているのを上の空で聞くでもなく聞き、ノートの端っこに先週の日曜日に見た映画「二十四の瞳」の感想を書くような自分勝手な生徒だった。

推敲して文章を引き締めると次のように変わります。

私は自分勝手な生徒だった。学校の授業にはついていけず、ノートには映画の感想文などをこっそり書いていた。

コツ87
時制を極めれば単調な文章も生き生き表現に変わる

文章の中で、過去・現在・未来と時に関する言い表し方を「時制」といいます。時制に注意を払って書けば、自分史の文章は生き生きとした表現となります。

語尾が同じ音だと単調な文章と思われてしまいます。「…た。」が続くのがよくある例です。自分史は過去の話を書くものなので、この傾向が特に強くなります。

次の文を読み比べてみてください。

ハイキングとは、見晴らしの良い草原を散歩するのだと思っていた。それが私の誤解だったということを知ったのは、会社のハイキング部に入部した後のことだった。

早朝に、先輩に起こされた。

「さあ、出発だ」と先輩たちは布団をたたみ始めた。

眠い目をこすりこすり、布団を片付け、荷物をまとめ、宿を後にした。朝ご飯とお昼ご飯はお弁当として宿の人から渡された。

この文では「…た。」が五回も続いてしまい、単調な文章になってしまいます。次のように書き換えてみてはどうでしょうか。

ハイキングとは、見晴らしの良い草原を散歩するのだと思っていた。それが私の誤解だったということを知ったのは、会社のハイキング部に入部した後のことである。

「おい、起きるぞ」早朝から先輩たちは声が大きい。

眠い目をこすりこすり、起き上がると先輩たちは布団をたたみ始めている。

「さあ、出発だ」の声を背中に、布団を片付け、荷物をまとめる。先輩たちはもうフロントに向かったようだった。

宿の人から渡されたお弁当は一人二つずつ。どうやら朝食は、ひと歩きした後になるらしい。

生き生きと表現できたと思いませんか！　現在形と過去形が混在していますが、ちっとも変ではありません。なぜなら、日本語の時制というのは、文語との視点を軸に考えるものだからです。

コツ88

「ですます調」と「である調」は意図的に使い分ける

より丁寧なのが「ですます調」というともっともらしく聞こえますが、そんなことはありません。「である調」でも丁寧な文章はあります。では、どのように使い分ければよいのでしょうか?

誰かに語りかけるつもりで書くのなら、「ですます調」です。記録として残すという雰囲気を出すのなら「である調」です。

ところで、書いているうちに混在してしまったことがありませんか? 文体の統一は、実はあまり気にしなくてもよいのです。

章単位で変えるというのも、一つのテクニックです。もちろん、文章が変わるたびに切り替わっているというのはよくありません。しかし、著者の意図により、切り替えているというのであれば、それは「テクニック」なのです。

自分史を「ですます」か「である」で書くかは、書き手の好みや、自分史を誰に読んでほしいかによっても決まります。子や孫に伝えたい自分史なら「ですます」が親しみやすい表現となるでしょう。多くの人に読んでもらいたい自分史なら「である」調のほうが、力強く伝わるかもしれません。どちらを取るかは書き手の思いによります。

コツ89 「体言止め」はここいちばんで使う

余韻を残す効果があるといわれている体言止め（文章の終りに名詞や代名詞を使う）ですが、実は余韻を残すような使い方は難しいのです。

体言止めで記述することはさほど難しいことではありません。やろうと思えば、いくらでも可能です。ところが安易な気持ちで体言止めを連発すると、表現のインフレ現象が起こります。つまり体言止めを目にしても余韻が残らなくなってしまうのです。むしろ体言止めが鼻につくことすらあるかもしれません。

「…です。」や「…だ。」が続いて、どうにも単調になってしょうがないとき、つまりここいちばんに使う必殺技が体言止めなのです。そばを食べるときの薬味のように、ちょっとだけ使うのがいいでしょう。

また、文字数制限があって、他に手段が思いつかないときに文字数を短くするときに体言止めは有効です。

体言止めは、ここいちばん、あるいは緊急避難的に使うことをおすすめします。

コツ90 言葉を並べ替えると雰囲気が変わる

次の文を読み比べてみてください。

a　十二月になると商店街の入り口に大きなクリスマスツリーが据えられた。スピーカーからは『サンタが街にやってくる』、『ホワイトクリスマス』、『赤鼻のトナカイ』などが流れる。初老にさしかかった今も、この雰囲気が好きだ。それは子ども時代に味わえなかった気持ちの裏返しなのかもしれない。

b　子どもの時分はそうでもなかったが、社会人になって以来、一年のうちで十二月がいちばんわくわくする月となった。商店街の入り口に据えられる大きなクリスマスツリー。スピーカーから流れる『サンタが街にやってくる』、『ホワイトクリスマス』、『赤鼻のトナカイ』。

a文は、その後に続くであろう、子ども時代の回顧文のリード文にふさわしい内容です。

b文は、十二月の街の情景についての描写につなげるためのリード文でしょう。このあとに何が記述されるのかにより、同じような内容も、言葉の並び方は異なっていきます。

コツ91 類義語に置き換えてみても雰囲気はがらりと変わる

「美しい」と「きれい」のように意味が似ている言葉を類義語といいます。書いた文章を読み返してみて気になる文章、この表現でいいのかなと思った文章を見つけた場合、類義語に置き換えて書いてみましょう。

例えば、

カレンダーも最後の一枚となる十二月。一年のまとめは十一月に終わらせておき、来年の計画を立てるに忙しい月である。

普段は走ることのないお坊さんですら走り回るという師走。高度成長期の日本は一年中走り回っていた気もするが、師走となるとさらに拍車がかかっていた。

この二つの文では「十二月」を「師走」と置き換えました。これは書き手の感覚の問題です。あなたの感性を刺激する表現はどちらでしょう。

コツ92 「個人的」は使わない

個人の立場で書くものなのに「個人的には」を乱発することは感心しません。断定表現を避けて柔らかくするために「個人的には」を連発すると、「この人は何様なんだろう?」と思われてしまいます。最近の文章表現では「個人的には」は「本音を言えば」という意味で使われているようです。あと十年もすれば誤用でなく、正しい表現になるかもしれません。言葉は生き物ですから時代とともにその使い方は変化していきます。しかし、本書ではおすすめしない使い方です。自分史は本来、「個人的な」文章ですから。

コツ93 思わなくていい!

「思わなくていい」んです。

自分史のように回顧する文章が多いと、ついつい羅列してしまいますが、「…と思う」は実は不要なのです。書き手はあなたですから、思ったり考えたりしているのは、「あなた」のはずだからです。単なる習慣で「…と思う」と付記している場合は、削除してみましょう。引き締まった文章に変わります。

コツ94 （　）カッコの使い方

（　）の使い方は難しいことはありませんが、誤用している人が意外と多いものです。（　）は補足や注釈のために用います。補足や注釈したい言葉や文の直後に付記します。文の一部なので全体の文の句点の前に挿入します。かっこ内の文末に句点は不要です。

例えば、次のように使います。

正用例：厳格だった父も子どもの頃は問題児だったらしい（退学処分の経験あり）。

誤用例：厳格だった父も子どもの頃は問題児だったらしい。（退学処分の経験あり）

誤用例：厳格だった父も子どもの頃は問題児だったらしい（退学処分の経験あり。）。

多少の誤用は意味が通じるので問題ありませんが、正しく使うに越したことはありません。

コツ95 「へ」と「に」をきちんと使い分ける

作文の教科書に必ず出てくるのが、「てにをは」の使い方です。なかでも、ややこしいのが「に」です。

高校卒業後、私は大阪に行った。

高校卒業後、私は大阪へ行った。

「に」は起点（存在する場所）を示し、「へ」は動作の方向を示すといいます。では、「高校卒業後、私は大阪へ行った」。というと、大阪方面に行ったが、到着したかどうかは不明なのでしょうか？　そんなことはありません。「高校卒業後、私は大阪へ行った」。とは、大阪に到着することが主目的なのです。方向とは、目標のことです。「彼は大阪に行った」。とは、大阪に到着したあとが主目的なのです。文字どおり、起点です。

ただし、これを間違えたとして、意味不明になるでしょうか？　なりません。一文だけで説明しようとすると間違いですが、前後の文脈から判断できるので、意味の取り違えは起こりません。正しくは、「大阪に行った」。とすべきところを「大阪へ行った」と記述したとしても、あとに続く文章で「大阪に到着したあとの主目的」について記述すればよいのです。

「てにをは」が混乱してきたら、どっちにすればよいのか、わからなくなったら、それは些細なことだと割り切って次の文へと書き進めていきましょう。大丈夫です。意味は通じます！

コツ96 接続詞の使い方

「そして、しかし、さて、さらに、また、かといって、だから、そのうえ、したがって」このような接続詞は多用するとくどくなります。また反対に少ないとわかりにくい文章になります。使う／使わないの見極めは、次のように行います。

・全部削除
・声に出して読んでみて、意味がわかりにくかったら追記する

前に説明した句読点の使い方と同じです。

コツ97

改行する位置は、レイアウト（何字×何行）を意識する

改行する位置は、レイアウト（何字×何行）を意識してください。とくに、一行当たり何文字か、つまり何文字目で改行するかです。見栄えの問題なのですけれど、改行は文章の勢いに影響しますから、無視することはできません。一文字目や二文字目などの行頭で改行するとバランスが悪くなります。行末付近での改行は、見た目上は改行がない段落のように見えてしまいます。

文章のリズムは見た目に左右されます。見た目上バランスが悪いなと思ったら、言い回しを変えてでも、改行する位置を調整しましょう。

自分史を読みやすくするためには、一文の長さとともに、「改行」することも大事な要素です。一つの事柄から次の事柄に移る場合、行を改め、一字下げて書きだします。こうすることで文意がよく伝わり、見た目にも読みやすい文章となります。

コツ98 最終チェックは紙に印刷して行うこと

パソコンで原稿を書くようになると、紙に印刷する回数が減っていきます。一通り原稿を書き上げてさあ自己チェックとなっても、書き直すことを考えるとパソコン上でチェックしがちです。まあ、それもいいでしょう。でも最後の最後は紙に印刷してみましょう。そして、最後のチェックを行いましょう。パソコン画面では気付かなかったことが、紙を通してみると見えてくるから不思議です。

それはなぜでしょうか。

第一は、紙には一覧性といって、ひと目で全体がつかめる視覚特性があることです。

第二は、紙には可動性があります。たとえば、パソコンで書いた原稿を移動する電車や列車の中、「いつでもどこでも」自己チェックができます。

それよりも何よりも、ここまで来れば、やがて紙に印刷されて本になるあなたの自分史にひと足早く出会えたようなものです。

あなたの自分史は、紙の上で完成に向けて一歩近づいていくのです。

「究極のコツ」

『失敗しない自分史づくり―98のコツ』いかがでしたか。

すでに自分史を書きすすめている方は、「98のコツ」と照らし合わせて自己チェックをしてみてはいかがですか。もちろん、すべてを書き改める必要はないのです。あなたが納得したコツだけを取り入れればいいことです。

これから書き始める方は、「98のコツ」を一つのガイドラインとして、行き詰まったときに参照してみてください。

ここまで読み進んできた方に、最後に読んでいただきたいのが「究極のコツ」です。苦労して書いた自分史だからこそ、一人でも多くの人に読んでもらいたいと思うのは当然です。そのための「98のコツ」でした。しかし、98のコツをすべてマスターしなければ自分史が書けないということではありません。

「コツ」はあくまでも「コツ」です。大事なことは、背伸びせず等身大の自分史を書きたいように書くことです。「書きたいように書くのなら、わざわざ98もコツを読む必要はない」と思う方もいるかもしれませんが、実は98では完結していないのです。99番目のコツ「究極のコツ」があります。

「究極のコツ」は、**自分史を途中で断念することなく、自分が一番書きや**

すいい方法で「**コツコツ書き続けること**」です。あなたの自分史完成の幸せな日が訪れますように。

第6章

出版業者と上手に付き合おう

自費出版ビジネスとは？

注文を受けてから制作を始める自費出版

「出版冬の時代」といわれて、十数年が経ちます。そこで確実に利益を回収できる受注生産ビジネスに乗り出す出版社が増えてきました。自費出版ビジネスとは自分史のような本を受注生産することです。

出版社側から見た商業出版と自費出版の違いは、たった一つです。注文を受けてから制作（出版）を開始するのが自費出版です。制作（出版）し、書店に置いて売れるのを待つのが商業出版です。

別な見方をすれば、本の制作・発行費用を誰が負担するのかです。出版社が負担するものを商業出版といい、著者が負担するのが自費出版ということができます。商業出版の場合は、書店で本を購入する読者が出版社のお客さんです。自費出版の場合は、制作・発行費用を負担する著者が出版社のお客さんです。

例えば、原稿を完成させ、本を出版したいと思い、出版社を訪ねたとします。出版社は、その本の著者に希望している出版の内容を確認し、見積もりを提示します。著者と出版社でその出版内容に合意が成されると制作が始まり、数ヶ月後に出版の運びとなるでしょう。完成した本を著者がすべて受け取る場合もあれば、すべて書店に置かれる場合もあるでしょう。一部を著者が受け取り、残りを書店での販売分に回ることもあります。

印刷製本した全部数を著者が受け取る場合は、わかりやすいビジネスモデルです。著者は注文主です。出版社は制作費用を請求し、著者は顧客としてその費用を支払います。

すべてを書店で販売する場合は、印刷製本した全部数をいったん著者が受け取り、それを出版社に販売委託すると考えるとわかりやすくなります。著者は印刷製本の費用を負担します。次に委託販売の費用も負担する場合があります。そしてもし、本が売れれば、代金を受け取ります。このとき代金から は書店と取次業者は手数料を受け取ります。このとき出版社は手数料を受け取る場合と受け取らない場合があります。委託販売の費用に販売されたときの手数料も含んでいる契約なら、本が売れたときの手数料を出版社は受け取らないでしょう。そうでない場合は本が売れるたびに手数料を受け取ります。これは出版契約書に書かれています。

ややこしいのは、出版社と著者の双方が費用を負担する場合です。本を制作するときに制作費用をどう配分し合うのか、本が売れたときにその売り上げをどう配分し合うのか、これらは出版契約書に書かれています。このとき制作費用には、何が含まれているのか、曖昧なままに事を進めるとトラブルの元になるので、くれぐれも出版契約の中身を検討し、疑問を残さないようにしましょう。

まず、費用というのは製造原価だけではありません。販売管理費も正当な利益も含んでいます。また本の出版費用というのは、本を印刷製本する費用だけではありません。流通経費や倉庫管理費も含まれているのが普通です。出版契約によっては含まない場合もあります。

本がまったく売れなかったことを想定してみてください。著者が負担した費用、つまり制作原価です。仮に制作原価が本の印刷費などの製造費用と流通費用だけだったとしたら、出版社の運営費を制作原価に含めていないとすれば、この自費出版ビジネスは成り立ちません。ということは、出版社の運営費、および利益も著者が負担する「出版費用」に含まれているはずです。

自費出版ビジネスが多少わかりにくいのは、出版社によって、商品（サービス名でもあります）が異なるからです。共同出版、協力出版、企画出版、事業出版、というところもあるようです。いずれにしろ、著者側に何らかの費用負担を求める場合は、名称が何であれ、自費出版です。出版社は著者が支払う費用から利益を得るビジネスモデルです。

商業出版とはここが違う

自費出版が、共同出版や協力出版などといった商品（サービス）に名を変えるようになったのは、おそらくは出版社として商業出版より一段価値の低いものとして自費出版をとらえる考え方があるからかもしれません。では、自費出版は商業出版よりも価値が低いのでしょうか？

出版という同じ形態のためについつい比べがちですが、実は比べること自体がナンセンスなことです。

商業的に価値がある、つまり市場に出せば売れると判断すれば、出版社は商業出版するでしょう。出版社に企画を持ち込んで、それが通れば商業出版として価値があるわけです。自費出版サービスを手がけている出版社の場合は、売れる見込みが立たない持ち込み企画に対しては自費出版を提案することになります。商業出版の判断基準は売れるか売れないかだからです。ところが自費出版は前述したようにあくまでも受注生産型ビジネスです。「売れない」ということはあり得ないのです。商業出版と自費出版を比べるナンセンスさがおわかりいただけたでしょうか。

余談ですが、著者側が「商業出版」という名称にこだわっていることに着目し、自費出版なのに「商業出版です」と言って、自費出版契約に持ち込むところもあるようです。

最大の価値は満足感

もし、あなたが自分のつくる自分史に「商業的価値」だけを求めるのなら、最善を尽くした企画書を出版社に持ち込みましょう。そして結果を待ちましょう。

もし、何らかの費用負担を求められたら、それは「商業的に価値がない」という結論と受けとめなければなりません。あなた自身が「商業的価値だけ」を求めた結果ですから、いさぎよく出版をあきらめましょう。

たとえ、「協力出版しませんか」と言われても、「費用は折半しませんか」と言われても、それは商業出版ではありません。出版社は著者であるあなたから費用と利益を回収するはずです。

では商品（サービス）名は何であれ、自費出版を受け入れたあなたは、ただ出版社に利益分の対価を支払うだけでしょうか？　いいえ、そんなことはありません。商取引ですから、顧客側（著者であるあなた）は支払った対価に等しい価値を得ることになります。出版社はあなたに、本を作る喜びと満足感を提供してくれたわけです。そこに「商業」という価値観は必要ありません。

例えば趣味でやる陶芸の場合。売れるものをつくるのが目的ではないはずです。作品を創り上げるための費用は作者自身が負担しますが、それを売って一儲けしようと思う人は少ないでしょう。

それなのに、本の出版となると「自分の書いた本が書店で売れる」、すなわち「商業的価値」にとらわれてしまう人が少なからずいるのは事実です。ほんとはまったくの幻惑でしかないのですけれど。他の趣味と同様に、自費出版はつくる側の満足感が最大の価値観であり、喜びであることを、この際改めて認識した上で自分史づくりに挑戦していただきたいものです。

自費出版には、史料的価値がある

ところがもう一つ、自分史を自費出版することには、大きな評価されるべき価値があります。これは出版社から与えられるものではありません。あなたが支払った費用分の対価は、すでに本を作る喜びと満足感として受け取っています。自費出版ならではのさらにプラスの、いわばボーナスのような素敵な価値があるのです。

それは史料的価値ということです。

家族や親類縁者にとっては共有できるいくつもの事が書かれた、大切な記録になります。読み返すたびにあなたのことを生き生きと思い返します。同じ時代をともに過ごした方にとっては、アルバムを眺める以上のリアリティがある史料になります。いってみれば「家族の思い出ライブラリー」を作ったようなものです。

一冊単位で見れば、史料的価値があるのは著者の家族や親類縁者に対してのみです。ところがこれを何冊も何十冊もの単位で見ていけば、さらに歴史的価値が生まれます。自分史には、作者の半生が物語られています。作者の生きてきた時代の証言者として、生々しい迫力に満ちた事実やエピソードが詰まっています。ライブラリーのようにある程度の規模であれば、そこに書かれている事象から、無名の著者が生き抜いてきた、共通の「時代」が浮き上がってくるのです。自分史をつくられたら、国立国会図書館や地域の公共図書館などに寄贈することをお勧めするのは、そのためです。

出版業者に依頼するときは

出版社と印刷会社の違いは？

自分史を本にしたいとき、出版社に頼むのがよいのか、印刷会社に頼むのがよいのか、一概にどちらがよいとはいえません。それぞれに特徴があるからです。

出版社とは、原稿を編集して、印刷会社に印刷を依頼し、それを流通に流すことが本業です。印刷会社は、印刷データを受け取り、印刷物にすることが本業です。

流通に流すというのは、書店に本を置いてもらうことです。

しかしながら、昨今では印刷会社も、編集スタッフをかかえて、原稿を編集するところから受注するところが増えてきました。また流通に流す要望にも応えるところが増えてきています。

ざっくりと違いを整理すれば、「編集」と「流通」が得意なのが出版社、「印刷製本」が得意なのが印刷会社です。

なお、編集のみを請け負う会社もあります。編集プロダクションという業種の会社です。自分史の編集制作は、他の出版物と異なるさまざまな特長があります。このため、自分史の編集・制作で実績のある編集会社もあります。

出版業者選びのコツ

自分史をはじめて本にする場合、費用、形態、スケジュールなど何かと専門業者に相談することが多くなります。このためなるべくなら近くの業者に依頼するのが便利です。電話とインターネットだけでも対応は可能ですが、担当者に直接会って、話をするという方が何かと安心です。

なお、自費出版を取り扱っているかどうかは直接確かめるのがいちばんです。「自費出版」を看板に掲げていなくても対応してくれる業者はあります。まずは電話して「自分史を本にしたいのだが」と相談してみましょう。

どんな本を作りたいのかをきちんと伝える

これから自分史を本にしたいというみなさんは、おそらく本づくりの素人のはずです。自費出版というのはその素人がお客さんなのです。業者に相談するときは、素人であることは何の障害にもなりません。

堂々と素人であることを名乗りましょう。

業者に相談する前に準備しておくことがあります。それはどんな本を作りたいのかを具体的にイメージするのです。

お手持ちの本にお手本がありますか？　こんな本にしたいというものがありますか？　手元になければ書店や図書館に行って、自分のイメージに近い本を探してみましょう。その本を持っていって業者に相談するのです。

また、部数や体裁、日程などについてまずは希望を述べましょう。予算も正直に話したほうが良いかもしれません。実際に発注するまでは相談も見積もりも無料です。納得がいくまで相談を続けることをお勧めします。

見積もり書をじっくり読むこと

見積もりは複数の業者に頼みましょう。お目当ての業者が決まっていたとしても、比較するために他の業者に同じ条件で見積もりを出してもらうようにします。

見積もり書が届いたら、項目を確認します。わからないことはすべて質問します。そのときの相手の対応も、業者選びのポイントの一つです。

「〇〇一式」や「〇〇等」というのも曖昧なままにしておいてはいけません。それには何が含まれるのかを納得がいくまで確認します。

単価で計算してある見積もり書の場合は、状況によって費用が変わってくる場合があります。

例えばページ数や印刷部数が変わったとき、校正の回数が変わったときも請求額が変わる場合もあります。とにかく発注する前に疑問点を残さないことです。

　自分史を本にする上で大切なことは、良き相談相手、良質のパートナーを見つけることです。印刷もその一つです。自分史づくりの相談に乗ってくれる出版業者は、あなたの味方です。いえ、あなたの情熱と働き掛けで、単なるビジネス業者を、あなたの味方にするのです。

　まずは業者を知る、次に信頼できそうな業者を探す、自分史づくりの構想と希望をはじめにきちんと伝える、納得がいくまで相談し質問し、話し合う。そうすればあなたが発注した出版業者はあなたの味方となって最善の自分史を納品してくれるはずです。

付録1

自分史づくりの実践事例

本付録では、自分史づくりの実例と、その楽しさを紹介します。

本書の第2章から第5章までをお読みになって、いかがでしたか。

「つくったときは自分が楽しい、つくったあとは読み手が楽しい自分史」をつくりあげる自信がわいてきましたか。ここでは、第2章から第5章までのコツを使って実際にミニ自分史を書いた事例を紹介します。

この自分史は、浜松市で印刷業を営む私が、亡くなった父が残した手記を小冊子『前田光の一生』として出版に至るまで、そして父の自分史出版を契機に印刷製本の技術とノウハウを結集し、『五万円出版自分史事業』を立ち上げるまでの経緯をとりまとめた自分史です。

この自分史は、人生のほんの一部を切り取ってまとめています。このように人生をたどる以外にも、そのことだけを切り取ってまとめる自分史もあるのです。

自分史づくり事例紹介

「父から受け継いだ五万円出版」

注：本項で例示するミニ自分史は「である調」で表記しています。

父　前田光

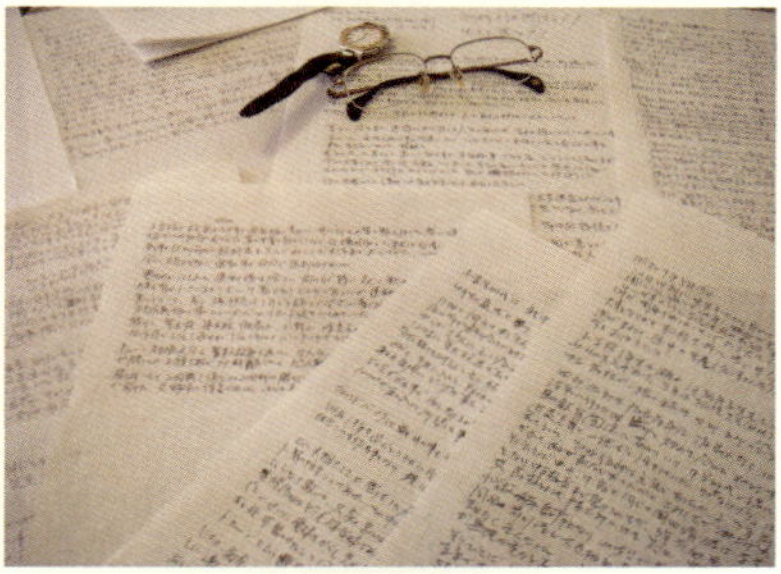

生前の父が母に託していたメモ

お通夜の席で母から渡された三十枚のメモ

それは父のお通夜の晩だった。

「浩、これ、お父さんから頼まれていたの」

母が渡してくれたのは、大きなレポート用紙だった。三十枚にわたって小さな文字でぎっしりと書かれてあった。「オレが死んだら浩に渡してくれ」と生前の父が母に託していたメモだった。

本づくりのこと、果たせなかった夢のこと。それまで聞いたこともなかった父の幼い頃のこと。家族を誇らしく思っていたこと。会社のこと、心配事、将来構想、提言。父の本当の優しさが行間にあふれていた。私はお通夜の間ずっと読んでいた。何度も繰り返し読んでみた。平凡な毎日こそがいちばんの幸せと思っていたことをはじめとして、父のさまざまな気持ちをはじめて理解することができたと思った。

このメモのことで頭はいっぱいになり、告別式の挨拶ではその感想を述べた。参列者からお褒めの言葉をいただいた。父はもう帰らぬ人だが、父の思いはここに残っていると思うことができた。

我が社の本業は印刷業である。このメモをもとに私は父の自分史をつくった。自分でワードに入力し、プリントし、簡易綴じで製本した。『前田光の一生』という何の変哲もないソフトカバーの本ができた。

何度も読み返した。やがて表紙はボロボロになった。手垢も付いた。ノリ

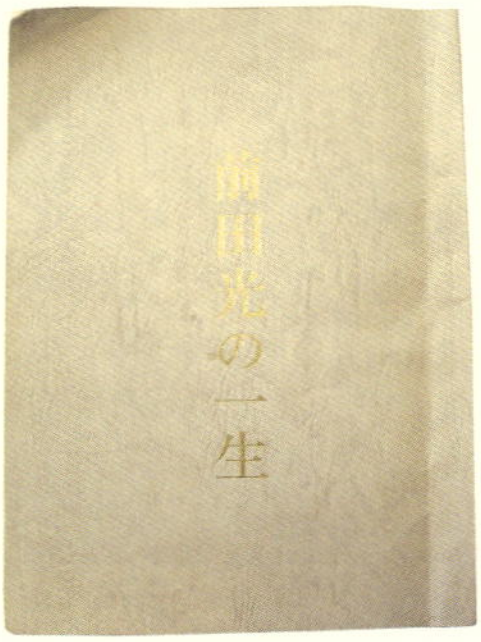

「前田光の一生」

がはがれバラバラになりかけた父の自分史だったが、私のいちばんの宝物になった。

そして気付いた。

近親者や親しい人の半生は、身近であるから印象深い、身近であるから説得力がある。何度でも繰り返し読み返したくなる。たった一冊でも良い。何度でも繰り返し読めるように丈夫な体裁であってほしいということに。

外せない条件は二つ。一冊からつくれるシステムにすること。ハードカバーの有線綴じにすること。これがマエダ印刷の五万円出版自分史事業のはじまりだった。

五万円出版自分史事業の発展

「ちょっと待ってください。私も提案したいことがあるんです」

設備投資検討委員会の空気が一変した。

平成十六年九月。マエダ印刷では大規模な設備投資計画をまとめるにあたり、経営ブレーンと当時社長を勤めていた父と私とで最終の詰め段階に来ていた。経営ブレーンは父の意向を受け、印刷処理能力の向上を目的とした両面二色印刷機の購入を提案していた。

後継者である私が異論を挟もうとは誰も予想していなかった。

私の提案は、印刷機ではなく製本機の購入だった。印刷会社がなぜ製本機を？

現在では印刷会社が製本まで行うのは珍しくないが、当時はまだ、印刷業者と製本業者は棲み分けあうのが普通だった。

私から見れば居並ぶ経営ブレーンは大先輩。いぶかしげに私に疑問をぶつける。私はここに至るまでの考えと思いを正直に語った。本づくりは父の夢であり私の夢でもあること。本づくりはお客様と直接喜びを分け合えること。そして本づくりを主業にするには、製本工程を避けては通れないことを。

たまたま前年度に静岡県の経営革新計画申請のため、製本機のことを調べていた私は、製本機への設備投資の見積もりを取り直した。見積もってみると五千万円。奇しくも両面二色印刷機の購入見積もりと同額である。

日を改め、再度設備投資検討委員会が開かれた。私は資料を整え、将来構想も交えて丁寧に説明した。みんなわかってくれた。製本機の導入が決定された。

その後、経営革新計画は承認された。

五万円出版自分史事業の設備面のスタートはこうして始まった。

和綴じ製本機MW-1

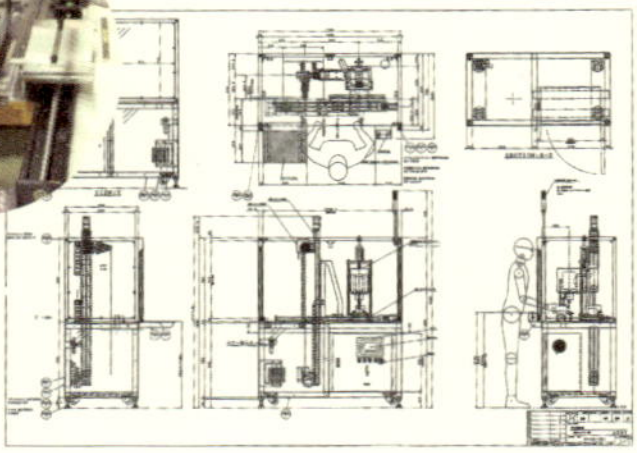

和綴じ製本機MW-1図面

特許書

母に教えられた温故知新

「浩、何事も温故知新だよ」

私の迷いを母の一言が吹き飛ばしてくれた。

大規模設備投資は製本機の購入ということになった。言い出しっぺである私は「製本技術の研究に着手する」と宣言していた。しかし、印刷ばかりやってきた私にはどこから手を付けてよいのかわからない。調べることは山のようにある。人間、課題が多すぎると思考停止するようだ。

そんなとき、母の何気ない一言が私の背中を一押ししたのである。

「故きを温ねて新しきを知る」

そうだ、日本には和綴じという世界に誇る技術がある。まずはそれから調べてみよう！

ここで和綴じについて、少し解説しておこう。和綴じとは各ページののど側（綴じる側）に穴を空け、コヨリや糸で綴じる手法である。いちばんの特徴はその丈夫さにある。和綴じという名前を知らなくとも、「黄表紙」といわれる江戸時代の書物なら見たことがある方は多いのではないだろうか。背表紙のない、糸で四か所ほどを綴じているあの本である。

和綴じを基本とした製本システムは、これまでにない新技術となる。まずはその仕組みづくりから開発しなければならない。さまざまな人の協力を得ながら特許を取得するまでほぼ一年半の道のりだった。

次の課題は機械化である。和綴じは職人の手による手作業が一般的であ

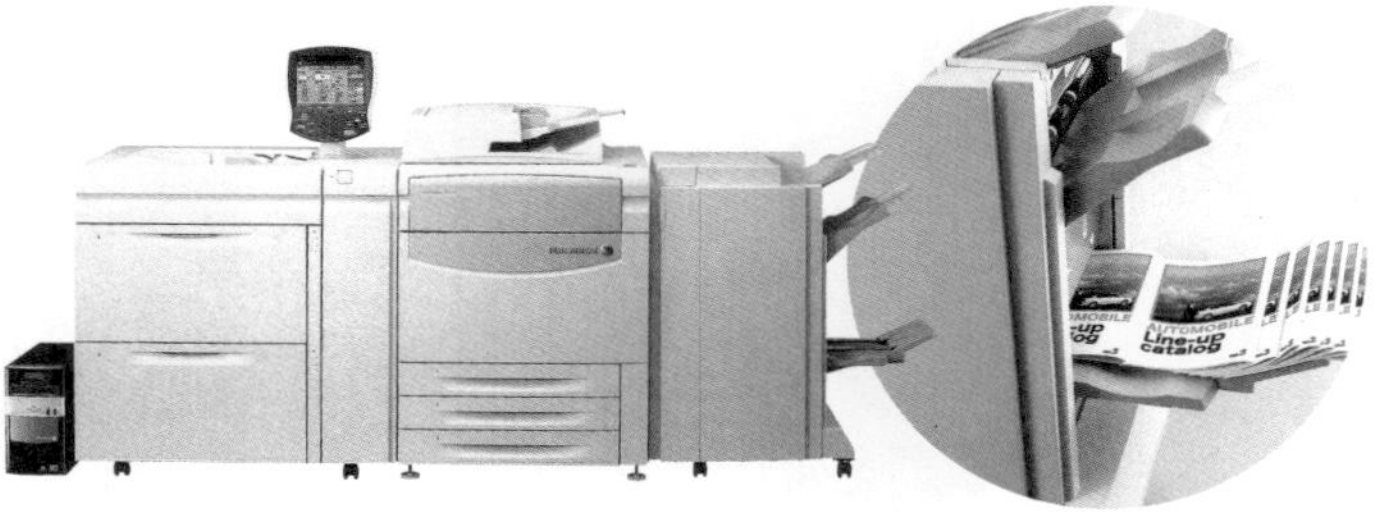

マエダオンデマンドプリントシステム（MOPS）

る。もちろん質は高いがコストも高くなる。「うまかろう、高かろう」では一部の人向けの商品になってしまう。目指すところは誰もが気軽に手軽に始められる自分史づくりである。機械化を避けて通ることはできない。

特許を取得したこともあり仕組みそのものはできていた。あとは図面を引いて機械を製造するだけと思っていたが、そう甘くはなかった。糸でかがると、どうしても各ページを傷めてしまうのである。

製本機メーカーの開発者の人と何度議論を戦わせただろう。アイデアが出るたびに心を躍らせ、実験するたびにダメ出しを出し合っては、その都度、落胆した。ボツになったアイデアは数知れない。試行錯誤を繰り返し、機械を開発できるまでにさらに一年弱を費やした。製本機メーカーの方々には本当に感謝している。

特許を取得したのが、平成二十二年三月。このときは社内でささやかなお祝いをした。乾杯の言葉とともに触れあったグラスの音が心地よかった。そして平成二十三年七月、五万円出版自分史事業は本格的に動き始めた。

5万円出版　和自分史執筆キット

五万円出版自分史事業サービスの開始

サービス開始にあたって、決めたことがある。それはマーケティングをかねて、百人の顧客までは母と二人三脚で五万円出版自分史事業を育てていくことだ。これには理由が二つある。

一つには、母もマエダ印刷の創業者の一人だからだ。五万円出版自分史事業はこれからのマエダ印刷の柱に成長させたいと思っている。創業者として、柱の事業になる五万円出版自分史事業を見守ってほしいという願いが一つ目の理由だ。

二つ目の理由はお客様への安心感の提供のためだ。自分史づくりにターゲットを絞るつもりはないが、現実として高齢者を相手にすることが多い。個人のお宅にお邪魔してお話を聞いてくることが多い。このようなときに母が同行して訪問すると、ほっとした笑顔を向けていただくというか、私一人で話を聞くよりも早く心を開いていただけていることが多いのだ。お客様と同世代の母が訪ねて、一緒に話を聞くということでかなりの安心感を提供できていると思っている。

ほかにも高齢者の方々の振り返りに、時々、その話題について行けないときも母なら、その昔の出来事に的確に相づちを打つことができる。勉強することが多いのだ。

初めてのお客様の第1版、第2版、第3版

五万円自分史の初めてのお客様

平成二十三年七月、五万円出版自分史事業の発表を明日に控えて展示会の準備をしていたときのことだった。一人の年配の方がマエダ印刷を訪ねてこられた。疲れ切ったご様子だった。近親者がご病気で伏せておられるとのこと。急いで彼の自分史をまとめたい。部数はいらない、家族にだけ遺したいとのことだった。私は明日から販売を始めようとしている五万円出版自分史事業『和（なごみ）自分史執筆キット』をその場でお渡しした。

一週間にわたる展示会を終え、その足で私はそのお客様のところに伺った。お客様はなんと一週間で原稿を書き上げて、私の訪問を待っていた。原稿を受け取り、三週間で完成。冊数は四冊きりだった。何度かの校正のたびにそして納品へとお会いするたびに生き生きとした表情を取り戻していかれるのが楽しみだった。自分史づくりは作り手を元気にする活力があるのだと確信した。五万円出版自分史事業最初のお客様から私は元気とやり甲斐を与えていただいたと感謝している。

そのお客様とはそれきりにはならなかった。原稿を追加したいからと改訂させていただいた。やっぱりもっと多くの人に配りたいと増刷も依頼された。現在は第三版となっている。人生は一度きりだけど、自分史づくりは何度もできるのだと気付かされた。学ぶことの多い、自分史づくり第一号だった。

その年の十一月、この商品は「２０１１グッドデザインしずおか」の大賞

デパートで展示

表彰状
2011グッドデザインしずおか
大賞
5万円出版 和自分史 執筆キット
マエダ印刷株式会社様
あなたの製品は「2011グッドデザインしずおか」において地域産業における優れたものづくりの提案として高く評価されましたのでこれを賞します
平成23年11月17日
静岡県知事 川勝平太

11.2011しずおか大賞

を受賞することになる。

クライマックスは納品

デパートで五万円出版自分史事業の展示をイベントに出品していたときのこと。

一週間にわたる展示会だったが四度も訪ねてくださった方がいた。お医者さんの奥さんだった。四日目にはご主人を連れて来られ、書きためたコラムをもとに本をつくることに話がとんとん拍子に進んだ。

ご夫婦の間では納得してもらっているが、お子さんたちは心配だったようだ。ある日、その息子さんが我が社を訪ねてこられた。ちょうど高齢者相手のビジネスが話題になっていたときのことだ。親を思う気持ちのあまり心配になったのだろう。見積書に書かれた項目、出版に関するさまざまなシステムや工程、費用支払い方法などをあれこれ調べてこられては、私に疑問をぶつける。ときには試すように、時には問い詰めるかのように。高齢者を相手にすることの多いビジネスなので信用形成が重要だと感じた次第だった。

それでも納得していただき、いざ制作に取りかかると、お子さん方も加わった家族総出の一大イベントになったようで、「ぼくは納得していないんだけど、家族が徹夜して見てくれたもんだから、書き直さないわけにもいかないしね」と満足そうなお医者さんの顔。手渡されたゲラは真っ赤になるほ

謹呈された自分史

ど修正が入っていた。

やがて本は完成し、納品へ。出迎えた奥様は今にもうれし泣きが始まらんばかりに「一つのことにこんなに家族が一丸となったのは初めて」と涙の理由を話してくれる。

本は束になってクラフト紙に包まれている。お医者さんは納品を受け取ると、クラフト紙をばりばりと破り、本を取り出す。「この本はな、一冊目を贈る人は決めていたんだ」と言いつつ、ペンを持って、『謹呈』と見返しに書き込んで、私に手渡してくれた。

私はビジネス以上のものを感じた。この仕事を始めたことが正しかったことを確信した。マエダ印刷は「見えないモノを印刷する」というキャッチフレーズを掲げているが、まさしく、見えない、形にない満足を自分史という形にして印刷して届けていると思っている。

母の自分史づくりに参加して

本書では「つくっているときは自分が楽しい、つくったあとは読み手が楽しい」自分史づくりを推奨しています。本項では、実際に私が母の自分史づくりを手伝った、そのプロセスをお話しします。

「つくっているときは自分が楽しい」を伝えたいと思います。

仏壇で自分史を朗読する母

仏壇を前に自分史を朗読する母

「平成二十四年、私は今年で七十四歳になった。思えば、あっと云う間のようでもあるし、よくここまできたなあと感慨に浸りもする（原文ママ）」。

母の一日は、仏壇に向かって自分史を父に読み聞かせることから始まります。それは母が自分史を完成させて以来、毎日続いています。自分史ができあがる前も母は仏壇の父に話しかけていましたが、どうやら自分史を朗読している方が生き生きとしているようです。書かれているエピソードを思い出すのか、時々は笑みをこぼしながら時にはうっすらと涙ぐみながら。

母が仏壇の父に向かって自分史を朗読する姿を私はほほえましく思っています。これからも何年も何十年も続けてほしいと願っています。

起雲閣に同行

「お母さん、熱海まで納品に付き合ってくれない？」

いつもは会社と実家の往復ばかりで外出することがほとんどない母の気晴らしになればと、ある日誘ってみました。

納品というのは、ある書家の作品集と日記を本にまとめたものでした。たまたま納品の頃と時を同じくして、その書家さんの展覧会があったのです。本の納品が展覧会のイベントの一つになるのでは、ということで私は展覧会に呼ばれることになりました。

会場は起雲閣。起雲閣とは熱海を代表する旅館で、もとは熱海三大別荘と称賛された由緒ある旅館です。母によれば、なんとそこは新婚旅行で泊まった旅館とのこと。そんな縁があるのなら是非にと母を誘ったのでした。

第九回国際協力アート展は小山内美江子代表のＪＨＰ・学校をつくる会が主催で盛況でした。そのあと開催された懇親会は華やかな雰囲気に包まれ、主催者とお付き合いのある医師会グループによる合唱が華を添えます。母は頷きながら音頭を取り、目を細めては聴き惚れています。私にも覚えがあったその曲は、母方の祖母がよく口ずさんでいた『箱根八里（鳥居忱：作詞、滝廉太郎：作曲）』でした。他にも懐かしい曲ばかりだったようで、母は幼い頃の思い出話をしてくれました。

自分史の納品に指定された場所は、母の新婚旅行の宿泊先。また父方の実家は箱根でもあります。そこで披露された合唱曲は母の幼少時の愛唱歌。合唱してくれたのがお医者さんで母方の実家は代々のお医者さん。などなどから「縁」を感じた母と私は、自分史をつくってみようかとどちらからともなしに決意したのです。

折しも、巷で人気沸騰中のコンピュータｉＰａｄ用に、『和（なごみ）自分史執筆キット』という商品を開発したばかりだったことも後押ししてくれたのかもしれません。実際に使ってみた方がお客様に説得力ある説明ができる、これを使って自分史づくりを体験してみようと常々思っていたからです。

起雲閣で

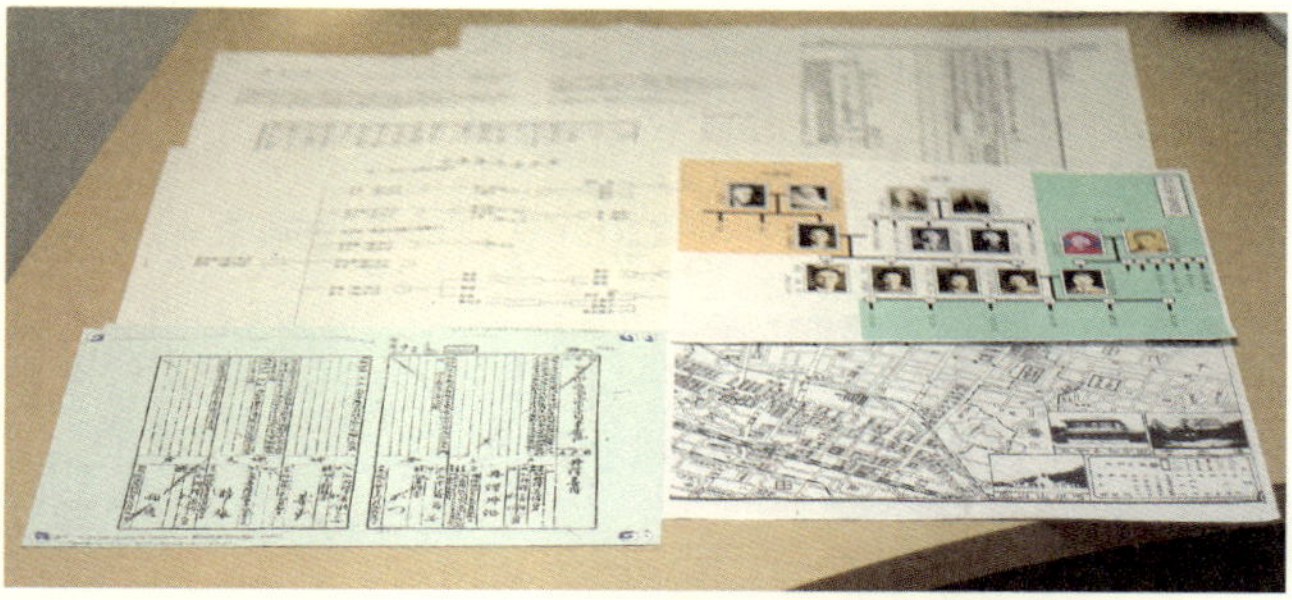

叔父さんがくれた一族の軌跡

叔父さんのくれた一族の軌跡

親類縁者が一堂に会したとき、決まって盛り上がるのは昔話です。辛かっただろうと思われる出来事も、時間がオブラートに包んでくれるのか、にこにこ顔で叔父さんたちは話してくれます。

「いやいや、あれは実はこうだったんだよ。でももう時効だよな」と真相が明らかになるなどと、とにかく親戚の話し上手な叔父さん叔母さんが輪の中心にいれば笑い声は絶えません。

そこそこ歳を重ねた私もようやく「懐かしい昔話」を語れるようになりましたが、それでも叔父さん方の持ちネタにはかないません。いちばん悔しいのは、背景となる事情を知らないため、話に入れないときです。盛り上がっている会話をただ聞くだけというのはある意味寂しいことに違いありません。

「本家の家系図や出来事がまとまった資料があると良いですよね」

母方の叔父さんに、なんとはなしに提案というほどのことではありませんが、持ちかけたことがありました。きっと盛り上がった話に入りきれなかったときに寂しく思ったからに違いありません。

「ほれ、我が一族の資料だよ」

それから一年ほどしたときのこと、そんな依頼をしていたことすら忘れていた私は、叔父さんからなにやら書類の入った茶封筒を渡されました。律儀にも叔父さんは一年がかりで一族のあれこれをまとめてくれたのでした。

自分史づくりは資料集めから始まります。本来ならば一から関係者を訪ね歩き、市役所や檀那寺を回って集めなければならない資料が、こうした経緯もあって手元にありました。これはとても役に立ちました。

きれいに体裁の整えられた家系図をはじめ、曽祖父母はもちろんその両親である高祖父母の戸籍抄本、古地図、それに墓石記録帳まで取りそろえてありました。これだけの資料は義務感だけでは集まりません。おそらくは叔父さんも、資料を探すうちに楽しくなってきたに違いありません。読むだけの私ですら、ワクワクしたのですから。

静岡市立御幸町図書館にて

叔父さんの集めてくれた資料を堪能した私は、自分でも資料集めの醍醐味を味わうため、行動を起こしました。叔父さんの資料によるとなんと徳川家最後の将軍慶喜公の御典医がご先祖様だったのです。

何かあるのかもしれない!

まずは図書館です。地元でいちばん大きな静岡市立御幸町図書館を訪ねることにしました。というのは、第2章コツ6で紹介しているように図書館には相談窓口が用意されています。私はまず電話をしました。

「あの、そちらで調べ物をしたいのですが」

図書館司書をされている方は親切でした。私が徳川慶喜公のことを調べたいこと、慶喜公の御典医だった人が私の先祖にあたることなどを話すと、

徳川慶喜公の御典医だったご先祖様

静岡市立御幸町図書館でコピーした資料

「わかりました。これから来られますか。それなら資料をあたっておきますよ」との即答が返ってきます。大がかりな探索になるかもと覚悟していた私は肩すかしを食らった感じでした。

わが家を出発して一時間後、お目当ての静岡市立御幸町図書館に到着。受付で先ほどの司書さんの名前を告げると、奥から彼女が出てきました。

「はい、用意しておきましたよ」

そう言って渡されたのは四冊の本でした。

山内政三著『明治前期静岡町割絵図集成』（静岡郷土出版社、一九八九年発行）。土屋重朗著『静岡県の医史と医家伝』（戸田書店、一九七三年発行）。家近良樹著『その後の慶喜』（講談社、二〇〇五年発行）。前田匡一郎著『駿遠へ移住した徳川家臣団（第五編）』（羽衣出版、二〇〇七年発行）。

さすがです。私一人では一日では探しきれなかったことでしょう。

貸し出し可能な本は借りました。閲覧のみの本は早速中を開いて目を通し、必要なところはコピーして帰りました。

徳川慶喜公

徳川最後の将軍慶喜公。ＮＨＫの大河ドラマにもなった有名人が我が先祖とつながりがある！　それまで遠い歴史上の人物だった徳川慶喜という人が身近に感じてくるから不思議です。改めて資料を読み返していくとさらに次のことがわかりました。

まず一つにはカメラの縁です。母の母は写真館を営んでいたのですが、慶喜公はカメラ好きということが影響を受けていたと推測できることです。母の母のおじいちゃんつまり母の曾祖父は、慶喜公の御典医いわばかかりつけの医者で、よく自宅に慶喜公が訪れていたそうです。カメラ談義をすることもあり、写真を撮ったり撮られたりしたことでしょう。可愛い孫（母の母！）がいれば、遊んでもらったとしても不自然ではありません。少なからぬ影響を受けたに違いありません。

もう一つは自分史の縁です。慶喜公は「自分史」に興味を持ち、とても丁寧にかつ主体的に自分史づくりに関わっていたそうなのです。

これによると明治三十五年の下半期あたりから、慶喜は、自らの出身母体であり、父徳川斉昭が藩主を務めた水戸藩に関する史料（「水戸藩史料」や「御親族書」）の提示を受け、これを閲覧して、もし事実関係に誤りがあれば、それを指摘するような作業に従事しだしたらしい。しかもそれは、単に史料を見るといったものではなく、「御検閲」と記されていたように、自らの過去を直視し、歴史的評価を確定する作業に主体的に係わろうとするものであった。
（家近良樹著『その後の慶喜』一七七ページから引用）。

慶喜公くらいの有名人というか、歴史的に大きな存在になると、私が関わっている自分史とは意味合いも変わってくるかもしれません。しかし大人物であろうと無名人であろうと、自分の人生を振り返り記録を残すという面では通じるものがあります。先祖とつながりのある慶喜公も、自分の振り返りを興味と熱意を持っていた！

母の自分史づくりを手伝う身でありながらも、このことだけでも私は鳥肌が立つ思いで資料を読みあさっていくのでした。

母の母の実家 跡

母の父の実家跡

自分史旅行は楽しい

これは実際に母の自分史づくりを手伝って体験してわかったことですが、いちばん楽しかったのは自分史旅行でした。

自分史旅行とは思い出の地あるいは先祖由来の土地を巡る旅です。母の両親は東京で半生を過ごしていました。母も浜松の高等学校を卒業したのち東京の叔母の家で行儀見習いとして三年を過ごしたしたそうです。

目指すは東京の各所です。私の実家は浜松ですからちょっと日程をやりくりすれば行ける距離です。

まずはアルバムをめくります。私と母だけではもちろんわかりません。アルバムを持ってまずはあの資料をまとめてくれた叔父さんを訪ねました。あれこれ昔話を聞きながら、思い出の地を具体的に教えてもらいました。古地図も取り出してきて、日記などと当時の地名を照合しました。博物館の学芸員の方々は、こんなことをしょっちゅうしているのかななどと想像しながら行います。室内の作業ながら心は彼の地へ飛んでいっているのでした。

冷静になれば当たり前のことですが、地名というものは変わることがあります。古地図にある地名がそのままとは限りません。地名を確認したら、今度は現在の地図と照合し、それがどこにあるのかを確認する必要があるのです。なんて偉そうなことをいいますが、これも一

自分史旅行　「目黒区に本郷?」

東京の叔母の家で行儀見習い（代々木上原）

度失敗したからいえることなのです。

「目黒区本郷」という記述があったのですが、「目黒区に本郷？」「本郷は文京区だよ」と思い込み、一路文京区へ。でもそこにあるはずの建物がありません。その日は収穫なしで帰宅。改めて史料をあたると、なんと一九六六年に目黒区本郷町は目黒区碑文谷に変更されていたのでした。

出来上がった自分史には、アルバムからの写真を一枚載せているだけですが、そのページを開くと、今でも二度にわたる東京日帰りドライブを思い出します。

東京における母の軌跡を辿る話はこれくらいにしておきますが、母自身の思い出の地を巡る旅も、訪れる場所ごとにエピソードがあります。母の話す思い出話からも、それまで知らなかった母の一面を垣間見ることができました。自分史づくり最大のイベントを堪能した自分史旅行でした。

完成した自分史
「7回忌にあたり最愛の夫に捧げた前田享子の人生（前編）」

七回忌までには

つくる楽しみを満喫した母と私でしたが、亡父に対しても自分史はいい供養になったと思っています。

思い立ったのが平成二十三年の十月。平成二十四年の五月が七回忌でした。なんとかこれには間に合わせようと、仕事の合間を縫っての九ヶ月の工程は慌ただしくもあり、充実感もある貴重な体験でした。

何よりも父を喪い、気落ちしていた母が日に日に元気を取り戻していくとは大きな喜びであり、自分史はつくる人に元気を与えるという確信につながりました。まさに自分史づくりはビジネスだけではない、喜びと感動を与えることだと強く確信できた体験でした。

ちなみに、この母の自分史は、書名に「前編」と入れています。つくっているうちにこれでお終いにするのがなんだかもったいなくなってきたのです。いずれ後編をつくります。

どんな内容にするのか、考えるだけでもワクワクしています。母もなにやら考えてはメモを取っているようです。

付録2

自分史作成サービスの紹介

発行所	出版のススメ研究会	CAI　MEDIA　CO.,LTD.
商品名	5万円出版 和自分史執筆キット	和自分史執筆キット iPad版　電子本つき
価格	52,500円 8,400円（30冊以上は別途割引有）	500円 （アプリインストールで作成・電子本も） 現在は制作したiPadのみで閲覧 （別途有料で注文可）
形体	ハードカバー有線綴じ（特許製本）	電子本付き（出版される自分史のイメージを縦書きで確認）
出版のアドバイス （執筆代行）	かんたん手引きを自分で読み（無し）	丁寧でよく分る音声 ガイダンス付き（無し）
テキスト有無	かんたん手引きを自分で読み質問に答えながら作成	作成の手順やポイントを音声で聞き、質問に答えながら作成
本文・印刷方式（紙質）	オンデマンド印刷（書籍紙）	電子本
写真・印刷方式（紙質）	オンデマンド印刷（アート紙）	電子本
仕様（ページ数）	A5・150P 写真12P＋ 本文20P＋付録P （付録Pを有料で変更可）	iPadの画面（縦）写真12P ＋本文20P 次バージョンで追加
表紙	ハードカバー （家紋付き・レザック3色から選択）	電子本（家紋付き）
家系図	見開きA4で付き	無し
販売店	三省堂書店15店舗他・ 5万円出版ホームページ	iPadのApp Store （和自分史で検索）
使い方シーン	本格的な本にすぐにしたい方・ プレゼントにも	あなたご自身のため、 また両親・祖父母の代筆にも

発行所	日本法令 （社）自分史活用推進協議会	㈱河出書房
商品名	自分史作成キット	百年出版　ゆい文庫
価格	1,995円	98,000円～ 9,000円（30冊以上は別途割引有）
形体	手書きで書き自分で和綴じ製本	ハードカバー有線綴じ（特許製本）
出版のアドバイス（執筆代行）	解説書を自分で読む（無し）	かんたん手引きを自分で読み （有・河出岩夫監修）
テキスト有無	解説書付き	かんたん手引きを自分で読み質問に答えながら作成 （別途料金取材OK）
本文・印刷方式（紙質）	手書きで書き込む（和紙）	オフセット印刷（書籍紙）
写真・印刷方式（紙質）	プリントを貼りこむ（和紙）	オフセット印刷（アート紙）
仕様（ページ数）	A5・年表8枚＋ 思い出記録用紙30枚	A5・150P 写真12P＋ 本文20P＋付録P （付録Pを有料で変更可）
表紙	和紙（和装本形式）	ハードカバー （家紋付き・レザック46色から選択）
家系図	別売り（日本法令・1,890円）	見開きA4で付き
販売店	書店・文具店で問い合わせ 自分史活用推進協議会本部 tel.03-5436-4020	問い合わせ㈱河出書房 百年出版　ゆい文庫係 fax専用03-6675-3474
使い方シーン	手軽に書き始める	小部数でも出版社からお望みの方・通常出版も可

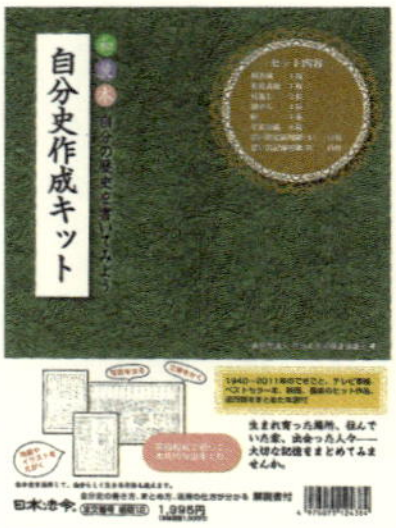

自分史作成キット

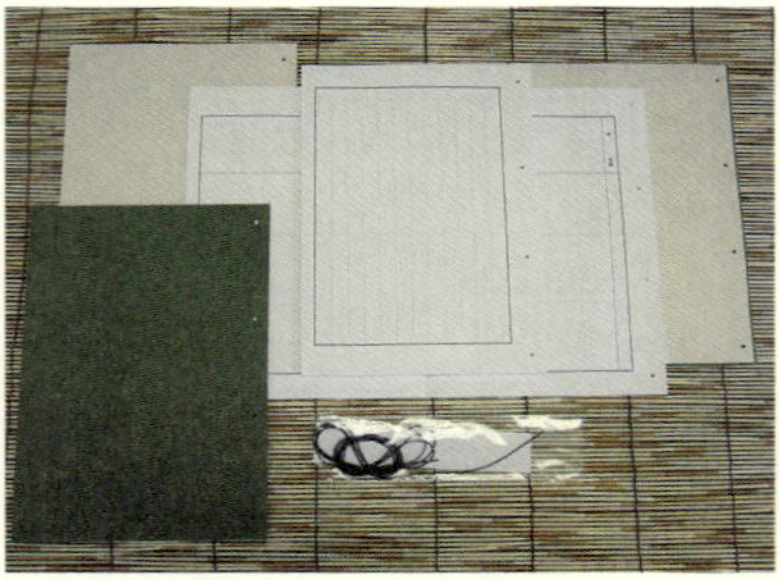

①「自分史作成キット」には、和装本形式で自分史本をつくるための和表紙、思い出記録用紙、年表用紙などが入っていて、きれいな仕上がりの自分史本を簡単に作成することができます。

②一般社団法人自分史活用推進協議会による、自分史の書き方、まとめ方、活用の仕方がわかる冊子も付いていますので、はじめての人でも気軽に楽しく自分史本を作成することができます。

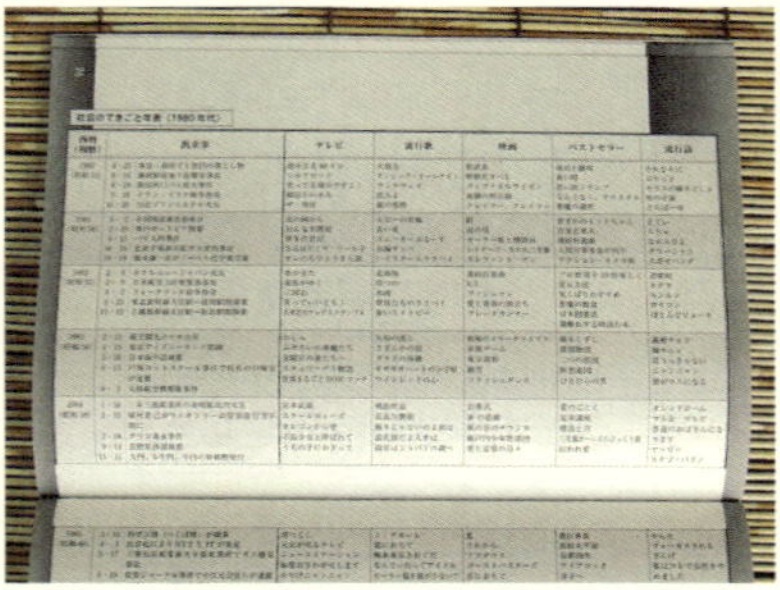

③「社会の出来事」「テレビ番組」「ベストセラー本」「映画、音楽のヒット作品」「流行語」の五つのテーマで、1940年から2011年までのできごとをまとめた年表がついていて、過去を思い出す手助けになります。

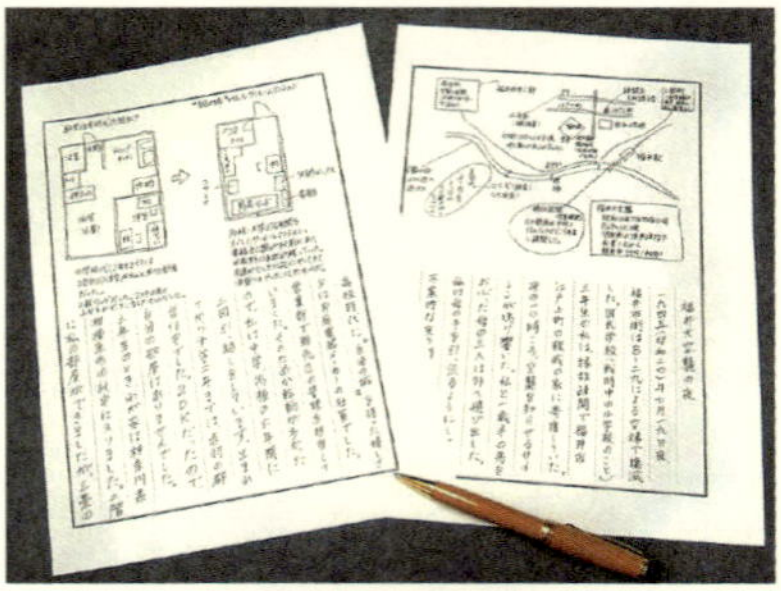

④自分が住んでいたところの地図を書いたり、家の間取りを書いたり、当時の人間関係図を書いたり、思い出を絵に描いたり、写真を貼り付けたりして、絵日記感覚で自分史をつくることができます。

百年出版　ゆい文庫

①「ゆい文庫」は、本であって本ではありません。
100年後も家族や仲間と共に行き続ける「あなた自身」であり、「家宝」に他なりません。子どもや孫たちがページをめくるたびに、あなたは永遠に、そして何度でも語りかけることができるのです。

②「ゆい文庫」は、あなたと大切な人との絆を「結ぶ」、そして世界で「唯一」のあなたの人生を、次の世代まで「遺して」ほしい。
そんな願いから生まれました。

③実際にペンをとり、まっさらな原稿用紙に向かってみると、思うように書き進められないことがあります。「ゆい文庫」では、編集スタッフが直接お話をお伺いし、取材、執筆までを行います。「話すのは好きだけど、どうも書くのは苦手」という方には心強いサポートです。

④河出書房は名だたる文豪と交流のあった創業127年の老舗出版社。4代目代表河出岩夫氏の「百年」に込める思い入れが、あなたの生きた証を百年後の未来へといざないます。

和自分史執筆キットができました!!

5万円出版　和自分史執筆キット

①仕上がりの表紙は、ハードカバーにご自分の家紋が入ります。内容はご自分で用意する原稿「自分史（本文）」「写真」「家系図」。付録ページとして「先人のことば」「年表」「直筆ページ」等を合わせて、合計150ページの自分史が1冊から本格製本できます。

②写真はカラーで12点掲載でき、1ページにつき1点のレイアウトとなります。写真の説明文は、1点につき100文字まで添える事ができます。写真は現物か写真データーのどちらでも対応しています。

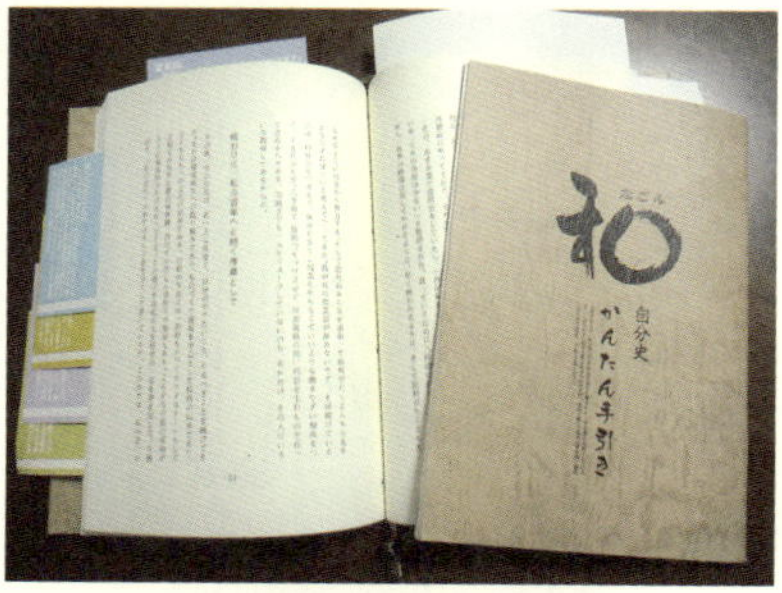

③「自分史（本文）」の20ページ分は、「かんたん手引き」に書かれている質問に答えながら進むと、比較的簡単に自分史づくりに取り組めます。原稿は手書きでもデータでもどちらでも対応しています。

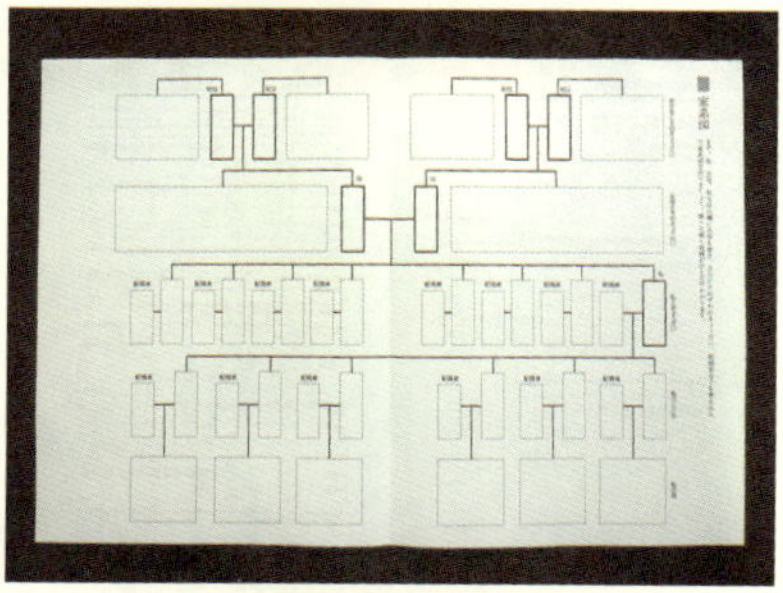

④「家系図」のページは、手書きで空欄を埋めていくと完成します。自分史執筆キットには、原稿用紙・かんたん手引き・完成見本・説明書・入稿用CD・原稿用紙送付用封筒・入稿シートが含まれています。試刷で文章等を確認・訂正した後、印刷製本され「自分史」が1冊完成します。（追加は別途可）

おじいちゃん、僕にまかせて!!

和自分史執筆キット iPad版 電子本つき
ー基本操作解説ー

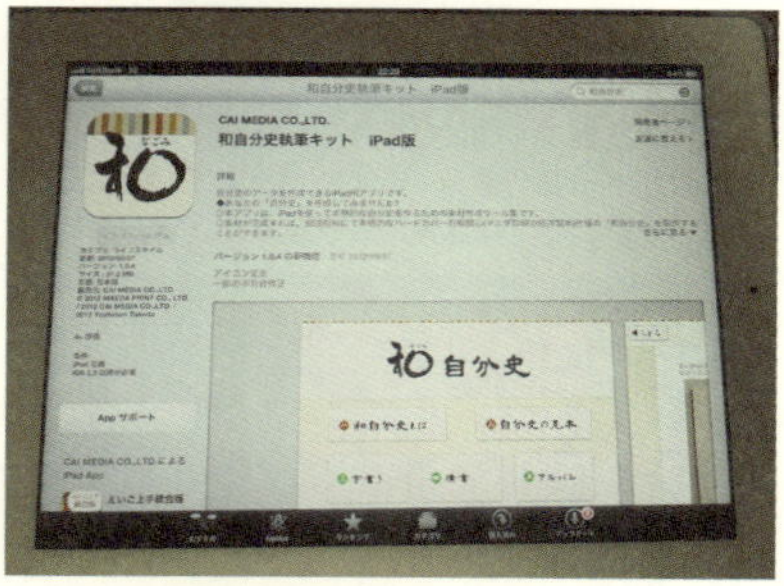

①仕上がりの表紙は、ハードカバーにご自分の家紋が入ります。内容はご自分で用意する原稿「自分史（本文）」「写真」「家系図」。付録ページとして「先人のことば」「年表」「直筆ページ」等を合わせて、合計150ページの自分史が1冊から本格製本できます。

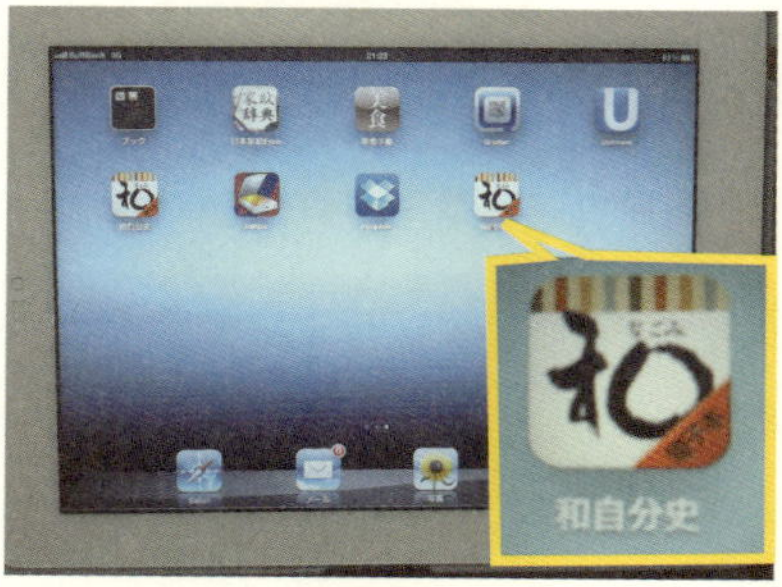

②アプリケーションの立ち上げには、インストールされた「和自分史」のアイコンをタッチする。

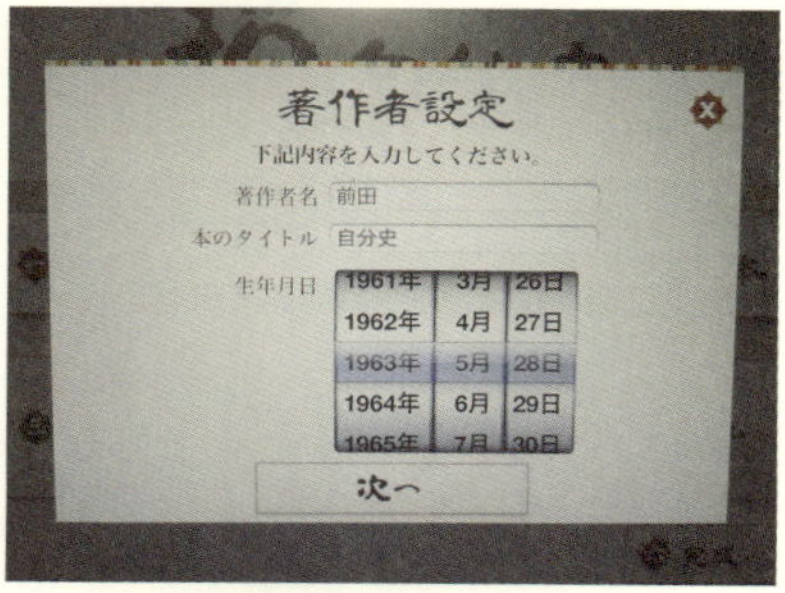

③はじめてアプリケーションを起動させた時には、「著作者設定」画面が立ちあがり、「著作者名」「本のタイトル」「生年月日」を入力します。「著作者設定」が終了したら「次へ」を選択すると「家紋の選択」画面になります。

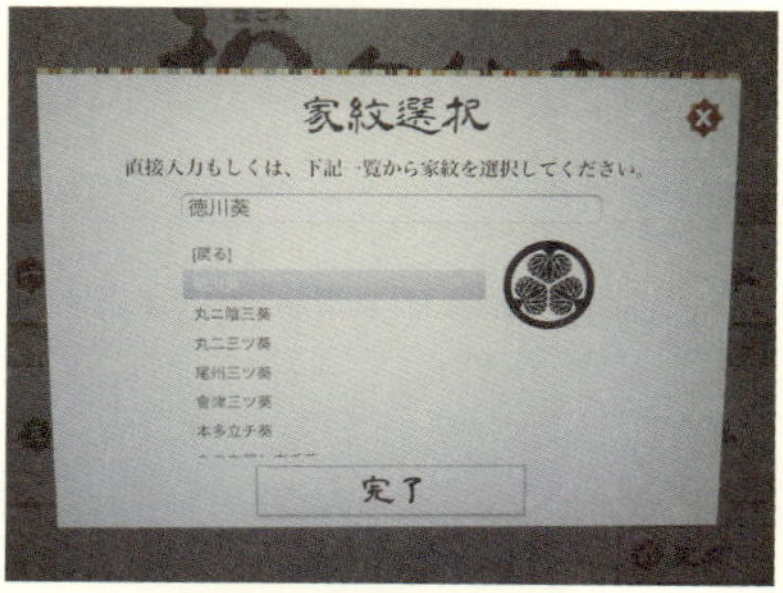

④「家紋選択」画面では、家紋の名前がわかる方は家紋名を直接入力するか、家紋一覧から選択することもできます。例えば：葵（あおい）→徳川葵・丸ニ陰三葵・・・のように画像と共に確認することができます。家紋を選択したら、「完了」をタッチします。二回目以降に起動した際に、「著作者設定」「家紋の選択」を変更したい場合はメイン画面の左下の「設定」から修正できます。

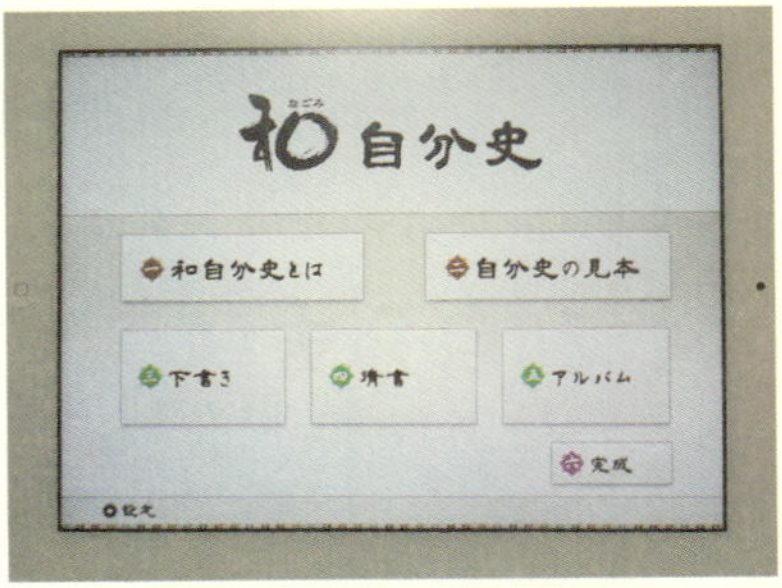

⑤アプリケーションが立ちあげると「和自分史」のメイン画面となります。「和自分史」のメイン画面では「一.和自分史とは」「二.自分史の見本」「三.下書き」「四.清書」「五.アルバム」「六.完成」と左下の「設定」が選択できます。

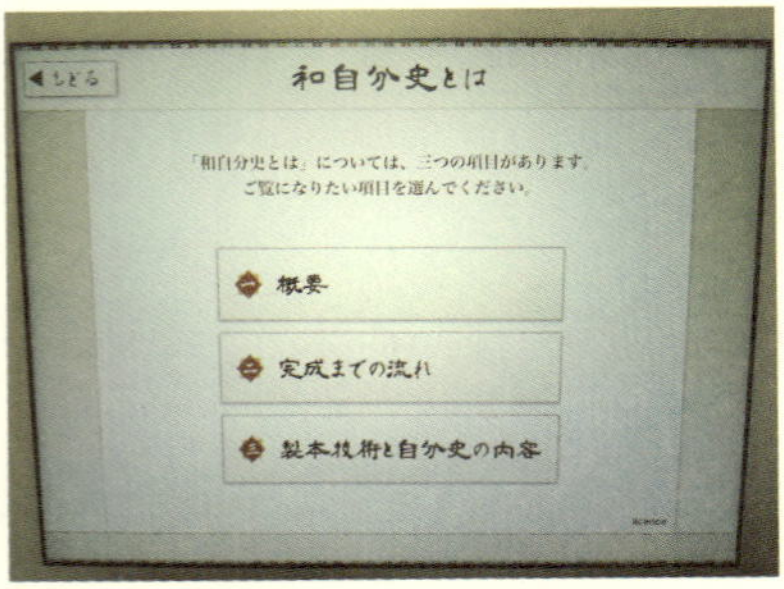

⑥メイン画面「一.和自分史とは」では、「概要」(自分史の書き方等の説明と音声説明有)・「完成までの流れ」(原稿作成→ご注文・データー送信→入金→試刷り送付確認→印刷製本お届けの流れ)・「製本技術と自分史の内容」(自分史の表紙・写真ページ・本文・製本技術の紹介等のイメージが写真付き)を見ることができます。

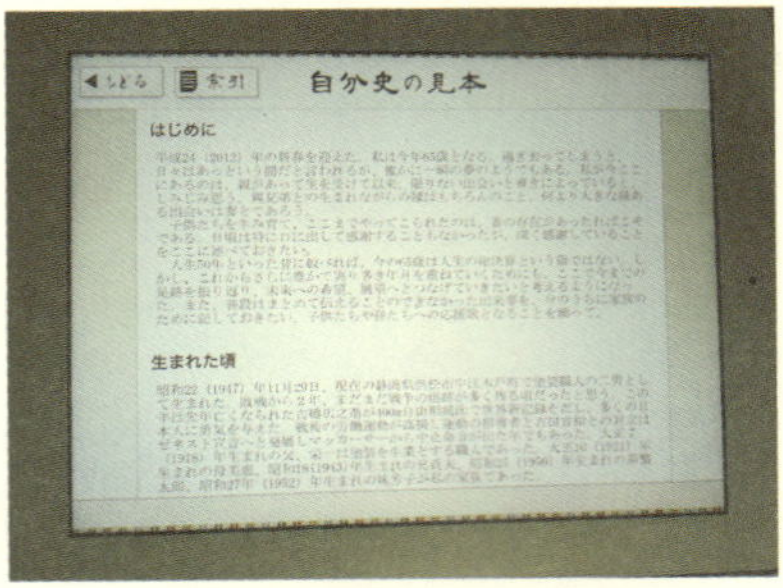

⑦メイン画面「二.自分史の見本」では、例文が1つ書かれているので、参考になります。

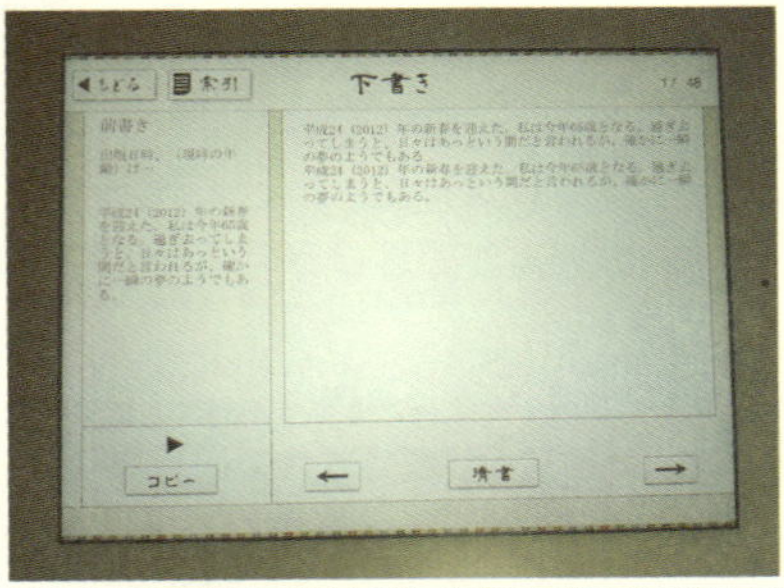

⑧メイン画面「三.下書き」では、作成の手順をガイダンスで聞きながら質問に答え本文を作成します。左枠に例文がありますので、「コピー」をして一部修正すると、簡単に本文が作成できます。また、質問は何種類かありますので、必要な項目だけを選択することができます。全ての下書きが完了したら下部の「清書」ボタンをタッチします。

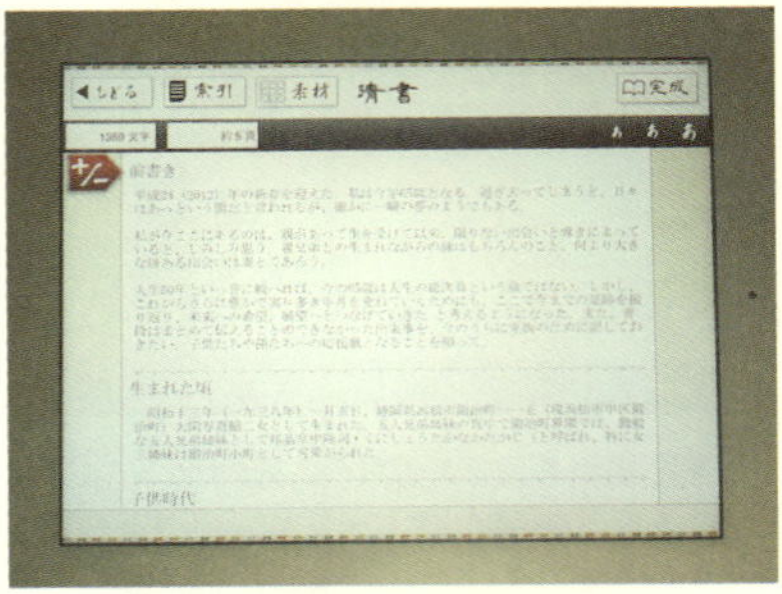

⑨メイン画面「四.清書」では、下書きで入力した文章が項目ごとに表示されます。修正、追記をする場合は文面をタッチするとカーソルとキーボードがでてきます。また、新しい項目を追加・削除する場合は、清書の画面から行うことができます。

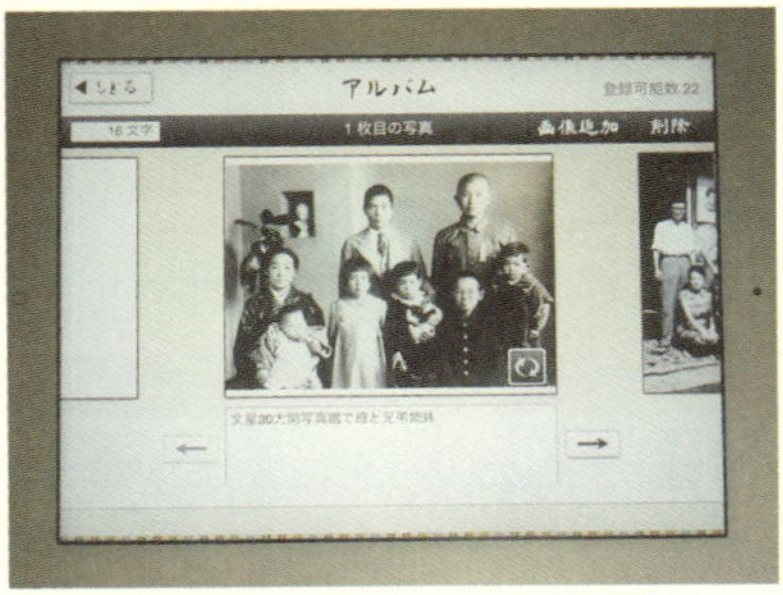

⑩メイン画面「五.アルバム」では、「画像追加」から「ライブラリーから」か「カメラから」写真データーを取り込むことができます。写真はカラーで24点掲載でき、1ページにつき2点のレイアウトとなります。写真の説明文は、1点につき100文字まで添える事ができます。

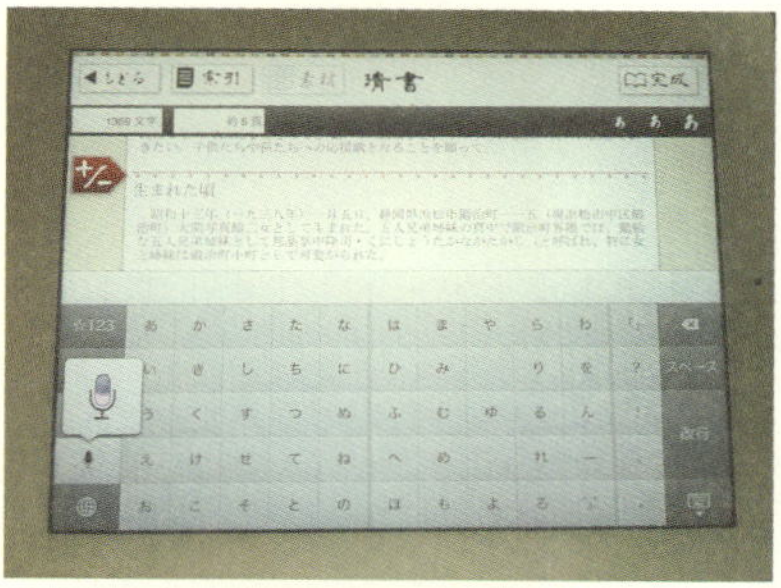

⑫文字入力の方法としては、画面に表示されるキーボードからの直接入力やipad機能を使った音声入力（音声入力対応機種のみ）が可能です。または、パソコンとiPad にフリーソフトをインストールすると、パソコンの文章データーをiPadに転記することも可能です。

⑭メイン画面の「五.アルバム」で取り込む画像データーはiPad で撮影した写真を使うと簡単に「和自分史」で利用することができます。フリーソフト「JotNot」をインストールして使用すると、ゆがんで撮影されてしまった写真の角を指定するだけで、簡単にゆがみを取り除くことができます。

和自分史執筆キット
iPad版　電子本つき
ー基本操作解説ー

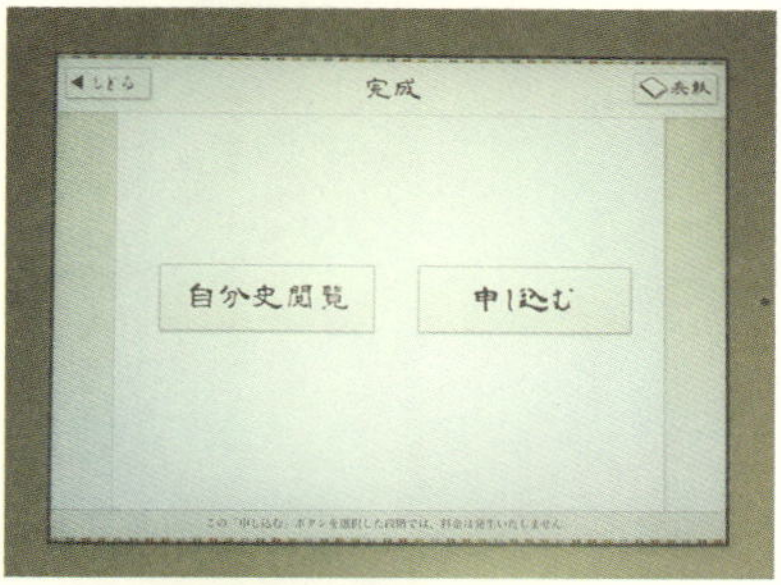

⑪メイン画面「完成」では、「自分史閲覧」と「申し込む」と右上の「表紙」が選択できます。「表紙」では、表紙の色を三色（キャメル・ワイン・オフホワイト）から選択できます。
「自分史閲覧」では、電子書籍のように出版される自分史のイメージを縦書きで確認できます。確認後「申し込む」をクリックすると、「送信」画面が表示されますので、必要事項を記入して送信して下さい。

⑬パソコンとiPad にフリーソフトの「Dropbox」をインストールして、「メールアドレス」「パスワード」を設定するとデーターを共有することができます。パソコンで作成した文章データーをiPad上で「コピー＆ペースト」して、「和自分史」に簡単に転機することもできます。

⑮このようにして、「和自分史執筆キットiPad版電子本つき」では、作成の手順などを音声で聞きながら質問に答えたり、音声で文字を読み取り文章を入力することができるのが特徴です。また、電子本つき（最後に自分で出版される自分史のイメージを縦書きで確認できる機能付）なので、試刷りの前にiPadで確認できるのも魅力となっています。

おわりに

自分史の健全な普及と発展を目指して「一般社団法人 自分史活用推進協議会」が発足したのは二〇〇九年です。シニア世代が人生を回顧して書くだけが自分史ではなく、世代に関係なく自分史を書く人、自分史を仕事にとり入れる人など自分史のすそ野は広がっています。

それは、自分史を書くことが自分という人間を自己分析することにもつながり、自分の強みや弱みを改めて自己確認することができるからです。そのことは、就職、結婚など人生の転換期に自分をPRしたり、売り込んだりする際に大いに役に立つはずです。自分史にはそういう一面もあるのです。

自分史活用推進協議会は、そのような自分史の幅広い活用について多くの人に知っていただき、世代を超えて自分史が普及することを目指して、「自分史活用アドバイザー」資格制度を設けたり、「自分史の日」（八月七日）を制定、「自分史講座」や「自分史の集い」を催しています。

自分史を書くことで自分の生き方に自信を持ち、例え困難なことがあっても勇気と元気で人生を逞しく生きる人たちが増えていくことが「日本を元気にする」のです。私たちはそう信じて活動しています。

自分史活用推進協議会では、各地の生涯学習支援、高齢者の生きがい支援など公共施設や、各種団体組織が主催する自分史講座を企画したり、講師を派遣するなど、活発な活動を展開しています。また、自分史を書いたり、自分史を本にしたいという方々への個別な相談にも応じています。

こうした活動を通じて私たちは、「より多くの方々に自分史づくりを楽しんでほしい」と切に願っています。

そのためにもこれから自分史を書きたい人のために、微に入り細にわたって具体的な自分史づくりのコツをお伝えするよう努めています。本書はその一環として自分史づくりをめざす多くのみなさんのニーズをふまえ、一冊の本にまとめたものです。自分史づくりを楽しむことを通じて、日本を元気にしていただきたいと考え、自分史活用推進協議会のメンバー、前田義寛／野見山肇／前田浩が書き上げました。

なお、第1章は前田義寛、第2章～第6章は野見山肇、付録1・2は前田浩が、それぞれ執筆を担当しました。

自分史に関するお問合せやご相談は左記へ
東京都品川区五反田七―二十二―十七　TOCビル内
一般社団法人 自分史活用推進協議会（東京本部）
電　話　03―5436―4020
FAX　03―5436―4025

失敗しない自分史づくり 98のコツ

発行日　二〇一三年二月二十五日　初版発行

著　者　前田 義寛・野見山 肇・前田 浩

発行人　出版のススメ研究会　前田 浩

発行・発売　株式会社創英社／三省堂書店
〒一〇一―〇〇五一
東京都千代田区神田神保町一―一
電話〇三(三二九一)二二九五

印刷所
マエダ印刷株式会社
〒四三三―八一一七
静岡県浜松市中区高丘東一―九―五八
電話〇五三(四三七)一〇五三
ホームページ　http://www.maeda-print.jp
メールアドレス　m-in-sei@fsinet.or.jp

制作協力スタッフ
デザイン　クリエイティブルームシンク
イラスト　田辺 友幸

ISBN 978-4-88142-592-3 C0080
定価はカバーに表示されています。